条例づくり教室

—構造の理解を深め、使いこなそう!

横浜国立大学教授

板垣 勝彦 著

ぎょうせい

はしがき

　この本は、政策条例をただ「つくる」だけではなく、その構造に立ち入って「理解」を深めることで、条例の「使いこなし方」まで学ぶための本です。条例づくりについては、先行自治体の条例をコピーすれば何とか対応できるかもしれませんが、その「使いこなし方」は、構造まで立ち入った「理解」がないと、身につけることはできません。

　5年前に刊行した『ごみ屋敷条例に学ぶ　条例づくり教室』（旧著）は大変な好評を博し、全国の自治体における政策法務研修や公共政策大学院のテキストとして、幅広く活用されています。その後、私の研究が深まるとともに、政策法務研修から得られたフィードバックを反映させるため、この機会に大幅リニューアルを図ることにしました。しかし、「自治体職員の方にむけて、条例（案）をつくる際のポイントについてわかりやすく説き起こす」という旧著のコンセプトは大切に引き継いでいます。

　旧著では「ごみ屋敷条例」を考察の素材としましたが、今回、メインとして採り上げるのは、全国の山林や農地を埋め尽くす太陽光パネルの規制条例です。特に山梨県の条例は、許可制・届出制とその後の措置命令を中心とした規制条例のシステムが完結的に整備されており、政策条例を理解するための格好の素材です。具体的には、自治体職員の立場からみて、条例をつくった上で住民に義務を課し、実効性を確保する一連の手続は具体的にどのように行えば良いのか、［法律・条例］→［行政行為（措置命令）による義務の賦課］→［執行（義務履行の確保）］という三段階モデル（藤田宙靖教授）について、わかりやすく説き起こしました。命令に従わない事業者に対し罰則を科したり、建築物や盛土の撤去について代執行を行う際にはどのようなことに留意すれば良いか、この本では単なる技術的なノウハウだけではなく、制度趣旨に立ち返って考察を加えています

ので、繰り返し読んでいただければ幸いです。こうした権力を用いた強制的な手段は、行政にだけ認められた権限であり、なぜ、行政にだけそうした権限が認められているのか、その権限を行使する際はどのようなことに気を付けなければいけないのか、何度も出発点に立ち返りながら、思索を深めてください。

　旧著は、公益財団法人全国市町村研修財団（市町村アカデミー）、一般財団法人地方自治研究機構、公益財団法人東北自治研修所等における政策法務演習のテキストとして、存分に活用しました。今回のリニューアルに際しては、受講者から寄せられたご意見やご質問を、可能な限り反映させています。かなり伸び伸びと好きなことを楽しく書いたので、そうした楽しさを、みなさんにも感じてもらえれば幸いです。私は、行政法一般のテキストとして『公務員をめざす人に贈る　行政法教科書』を、地方自治法について『自治体職員のための　ようこそ地方自治法』を刊行しています。3冊を相互参照すれば、自治体職員が身に付けるべき行政法・地方自治法の知識のほとんどの部分をカバーできるはずです。この本が、自治体職員のみなさんが適切に規制権限を行使し、住民が安心して暮らすことのできる環境を整えるための一助となれば、これ以上の喜びはありません。

　今回も、刊行に当たっては、株式会社ぎょうせいのみなさんが、読者の気持ちに寄り添ったコメントや、法令や表現についての的確なアドバイス、そして非常に丁寧な編集作業をしてくださいました。ご尽力に対して、心から御礼を申し上げたいと思います。

令和5年1月

　　　　　　　　　　　　　　　　　　　　　　板垣　勝彦

contents

i

第1章

条例について理解しよう

条例＝政策課題を実現するための手段

❶ 地方の自主法

　自治体に勤めていれば、条例について耳にする機会は少なくないはずです。でも、条例とは一体何なのか説明してくださいと言われると、困る人が多いのではないでしょうか。自治体が制定することは知っていても、いかなる法的根拠に基づいてつくられるのかについて、みなさんはきちんと理解していますか？

　条例とは、国の機関が制定する法令とは異なり、自治体に制定する権限が認められている法規範のことです。憲法94条は、「地方公共団体は、その財産を管理し、事務を処理し、及び行政を執行する権能を有し、法律の範囲内で条例を制定することができる」と定めています。なんと、条例制定権の根拠は憲法に置かれているのです。条例は、国家法に対して、地方の自主法などとよばれることもあります。

　平成11（1999）年に始まった分権改革から早20年近くが経ち、政策法務の手段として条例を用いることは、だいぶ一般的になってきました。立法法務が、自治体の重要な任務の1つになってきたのです。

> ＊　立法
> 　一般には、憲法41条に基づき国会が法律を制定することを「立法」とよぶのですが、この本では、自治体が条例を制定することも「立法」法務として解説します。

❷ 分権改革以降の条例制定権の拡大

　条例を取り巻く現在の状況について、確認しておきましょう。自治体は、法令に違反しない限り、地域における事務に関し、条例を制定することができるとされています（地方自治法14条1項）。ここで「地域における事務」とは、自治事務（地方自治法2条8項）と法定受託事務（地方自治法2条9項）のことを指します。

　この点、分権改革以前にあった機関委任事務については、条例の制定が認められていませんでした。具体的にいえば、開発許可であるとか、飲食店の営業許可、生活保護に関する事務については、かつては機関委任事務であったために、（委任条例はともかく）自主条例の制定が許されていなかったのです。

　そのように考えると、自治事務と法定受託事務のいずれについても条例を制定できるようになったことは、大きな進歩といえます。

　＊　機関委任事務

　国の事務の執行を自治体の長という機関に対して委任した事務のことで、従前の都道府県の事務の約7～8割、市町村の事務の約3～4割を占めていました。この事務を処理する限り、自治体の長は、自治体のトップであるにもかかわらず、国の下級行政機関として、その指揮・監督に服することとされました（地方自治法旧150条）。国の事務である以上、自治体には、機関委任事務に関する独自の条例を制定することが認められませんでした。それ以外にも、百条調査権が及ばないとか、監査委員の監査が及ばないというように、機関委任事務に対する自治体の権限はきわめて制約されていました。機関委任事務に対しては、地方自治の本旨に反するという批判が高まり、分権改革によって廃止されました。

❸ 「条例の留保」

　それでは、条例を制定することは、いかなる意味で、政策課題の実現に役立つのでしょうか。わざわざ条例を制定しなくても可能なことであるならば、大きなエネルギーをかけて立法活動を行う必要はありません。要綱、ガイドライン、計画といった手法を用いれば十分です。

　一言でいえば、条例を制定することで、住民の権利を制限し、義務を課すことが可能になるということが、大きなポイントです。権力を用いて、住民の意に沿わない行動も、強制することができるのです。反対にいえば、住民の権利を制限し、義務を課すことは、条例に根拠がなければできません。このような原則を「条例の留保」とよびます。そして、住民の権利を制限し、義務を課すような事項のことを「必要的条例事項」と、そのような事項を定めた条例の規定を「実体規定」（→68頁）とよぶことがあります。

　地方自治法14条2項は、「普通地方公共団体は、義務を課し、又は権利を制限するには、法令に特別の定めがある場合を除くほか、条例によらなければならない」と規定し、条例の留保について確認しています。

　権利の制限とか、義務を課すとか、権力を用いた強制とか、いきなりギョッとするようなことを書いたので、驚かれた方も多いと思います。もちろん、こうした権力は、独裁者のように、国民から財産を取り上げ、自分の気に入らないものをすべて収容所送りにするために付与されているのではありません。より良い暮らしやまちづくりを実現するために付与されているのです。より良い暮らしやまちづくりの実現といった行政活動の目的のことを、この本では、「公共の利益」と表現することにします。

❹ 公共の利益を実現するための手段

　人間には、誰しも自分の希望を叶えて、幸せになる権利があります（幸福追求権、憲法13条）。しかし、自動車の工場を建ててお金儲けをする夢があるからといって、閑静な住宅街の中に突如、土地を購入して大きな工場を建設し、モクモク黒い煙をあげて24時間体制で操業されたのでは、以前から周囲に住んでいた人たちにとってはたまりません。行政としては、ここは住宅専用地域だから工場を建てないようにとか（立地規制）、仮に工場を建てることを認めるとしても、操業時間は9時から20時までに限ってくださいとか（操業時間の規制）、排出する煙は環境基準に従ってくださいといった規制（環境規制）について、検討しなければならないでしょう。

　このことは、事業者だけではなく、個人にとっても同様です。閑静な住宅街の中で深夜に轟音を立ててバイクを運転することに無上の悦びを感じる人がいたとして、彼にとってはみんなが寝静まっている真夜中であるからこそ、マフラーを鳴らし続けることで自分の存在を世の中に示したいのかもしれないのです（それが真剣に考え抜いた末の行動かもしれないのです）。が、寝ている多くの人にとっては迷惑以外の何物でもありません。

　公共の利益を実現するためには、やむを得ず一定の範囲の人たち（この例では、工場の事業者やバイクの運転者）に対して、強制的に政策に従ってもらう必要があります。しかし、公共の利益を実現するためとはいえ、むやみやたらに強制的な権力を振りかざすことがあってはいけません。工場事業者にだって経済活動の自由ないし営業の自由（憲法22条1項）があり、バイク乗りにだって表現の自由（憲法21条1項）があるからです（昼間に公道で平穏に政治改革を訴えるデモ行為が、近隣の迷惑だからとされて、むやみに取り締まられたので

は、独裁国家になってしまいます)。強制的な権力は、一定の要件の下で、一定の手順をふんで用いられなければ、不必要に国民の権利が侵害されるおそれが出てきます。そこで、国民の代表である国会が、「このような場合であれば、公共の利益の実現のために必要最小限の範囲で、強制的な権力を用いても構わないよ」と認めたときに限って、強制的な権力の行使が許されるのです。

　国会が行政に対して、権力を行使するための要件や手順を示したものが、都市計画法や建築基準法、大気汚染防止法、道路交通法といった法律であると理解するのが良いでしょう。そして、条例は自治体の住民の代表である自治体（議会と長）によって制定されるのですから、法律と同じような効力を認めても良いというのが、「条例の留保」という考え方なのです。

---

§　日本国憲法

第13条　すべて国民は、個人として尊重される。生命、自由及び幸福追求に対する国民の権利については、公共の福祉に反しない限り、立法その他の国政の上で、最大の尊重を必要とする。

第21条　集会、結社及び言論、出版その他一切の表現の自由は、これを保障する。

②　検閲は、これをしてはならない。通信の秘密は、これを侵してはならない。

第22条　何人も、公共の福祉に反しない限り、居住、移転及び職業選択の自由を有する。

②　略

---

❺ この本の方針

　ところで、近年では、自治基本条例や議会基本条例のように、必ずしも住民の権利を制限したり、義務を課したりする内容ではなく、「大事なことだから条例で決めました」という趣旨の条例（基本条例または理念条例）が幅広く制定されるようになっています（法律でも、環境基本法のように、そのような趣旨で制定される「基本法」が一定程度普及しています）。

　ただし、条例を通じてでなければ行うことができないと考えられているのは、やはり住民の権利を制限し、義務を課す行政活動なのです。

　この本は、自治体職員のみなさんを対象に、条例のつくり方について入門的な解説をめざしたものですが、こうした意図から、条例を通じてでなければできない、権力を用いて公共の利益を実現する活動の条例による根拠付けについて、中心的に記述しています。条例を通じてでなければできない行政活動を理解することこそ、自治体立法法務の基本です。

　＊　香川県ネット・ゲーム依存症対策条例
　令和２年に制定されて話題をよんだ「香川県ネット・ゲーム依存症対策条例」は、子どものゲームの利用時間を１日当たり60分までと制限する内容を定めたとして話題をよびました（同条例18条２項）。しかし、条例の規定をよく読むと、義務が課されているのは子どもではなく保護者に対してであり、それも「使用に関するルールを遵守させるよう努めなければならない」（同条２項）とか、「ネット・ゲーム依存症にならないよう努めなければならない」（同条３項）といった努力義務にとどまります。また、違反

に対する罰則が規定されているわけではないため、理念条例に分類されると考えてよいでしょう。

---

§　**香川県ネット・ゲーム依存症対策条例（令和２年条例第24号）**

（子どものスマートフォン使用等の家庭におけるルールづくり）

第18条　保護者は、子どもにスマートフォン等を使用させるに当たっては、子どもの年齢、各家庭の実情等を考慮の上、その使用に伴う危険性及び過度の使用による弊害等について、子どもと話し合い、使用に関するルールづくり及びその見直しを行うものとする。

2　保護者は、前項の場合においては、子どもが睡眠時間を確保し、規則正しい生活習慣を身に付けられるよう、子どものネット・ゲーム依存症につながるようなコンピュータゲームの利用に当たっては、１日当たりの利用時間が60分まで（学校等の休業日にあっては、90分まで）の時間を上限とすること及びスマートフォン等の使用（家族との連絡及び学習に必要な検索等を除く。）に当たっては、義務教育修了前の子どもについては午後９時までに、それ以外の子どもについては午後10時までに使用をやめることを目安とするとともに、前項のルールを遵守させるよう努めなければならない。

3　保護者は、子どもがネット・ゲーム依存症に陥る危険性があると感じた場合には、速やかに、学校等又はネット・ゲーム依存症対策に関連する業務に従事する者等に相談し、子どもがネット・ゲーム依存症にならないよう努めなければならない。

☆市民団体や民間事業者との「協働」のメリットとデメリット

　今まで行政が行ってきた事務（公共サービス）の遂行を民間の主体に委ねたり、あるいは行政と民間の主体が共同で任務を行ったりする「協働」の動きが広がっています。協働を推進する当面の目的は、行政がその事務に割いてきた人員をほかの仕事に回すことができるという行政コストの削減にありますが、そればかりではなく、民間のノウハウを生かすことで、中長期的なサービスの向上につながることが期待されています。

　この点、NPOなどの非営利組織に対する民間委託と、指定管理者や指定確認検査機関などの営利企業に対する民間委託とを区別して、前者は推進すべきだが後者は避けるべき（あるいは分野を絞るべき）とする見解もみられます。しかし、住民にとって大事なのは、これまで行政が行ってきた事務の遂行が民間に委ねられた後にもその水準が確保されるか否かです。営利企業にとっては、提供したサービスの評判が悪ければ、次から委託契約を結んでもらえなくなり、死活問題です。両者を区別する必然性はありません。

　むしろ留意すべきは、行政には、民間委託がなされた後にもサービスの水準が確保されるか否かについて、必要な制度設計を行い、場合によっては受託者に対して指示を行う責任が残されるということです。これを行政の保障責任とよびます（板垣勝彦『保障行政の法理論』弘文堂（2013））。「行政と民間の主体がともに責任をもつ」という共同責任の理念を掲げるのは（スローガンとしては）結構なことですが、住民にとって最も困るのは、「協働」によって責任の所在が曖昧になり、行政側も民間側も誰も責任をとらない、あるいは苦情処理の窓口として機能しなくなることです。公共サービスがきちんと提供されているかについては、行政が明確に責任をもたなければなりません。

第2節　条例によって定めることのできる内容

❶ 条例制定権の限界

　それでは、条例では、権利を制限し、義務を課すためのいかなる内容も定めることができるのでしょうか。いえ、直前でふれたように、自治体の条例制定権には、「法令に違反しない限り」という制約が付いています。**法令**とは、法律と政令・省令（政省令）のことを指します。条例は、法律と政省令の内容に違反してはいけないのです。また、当然のことながら、国の最高法規である憲法の内容に対しても、違反してはいけません。

> ≪法令とは≫
> ‐‐‐
> 法令＝法律＋政省令
> ・法律：国会が制定する法規範のこと（憲法41条）。
> ・政令：内閣が制定する法規範のこと。「〇〇法施行令」という
> 　　　　形式をとる（憲法73条6号）。
> ・省令：各省が制定する法規範のことで、内閣府令のような府令
> 　　　　も同じように扱われる。「〇〇法施行規則」という形式
> 　　　　をとる。

❷ 憲法と条例

1　法令ごとの優先順位

　憲法は国の最高法規ですから、憲法に違反する条例を制定することはできません（優先順位は、憲法＞法律＞政省令＞条例となります）。「憲法に違反してはならない」というルールを考える際には、2つ

の問題を念頭に置く必要があります。

　1つ目は、憲法が「法律」で定めなさいと定めている事項について、「条例」で定めることは可能かという問題です。2つ目は、条例による規制が、憲法の保障する表現の自由や経済活動の自由（営業の自由）の不必要ないし過度の制約になっていないかという問題です。ここでは、1つ目の問題について考えます（2つ目の問題については、→26頁）。

　これまで問題になってきたのは、①憲法29条2項の財産権制限、②憲法31条の罪刑法定主義、③憲法84条の租税法律主義との関係です。現在は、学説によって理由付けは異なりますが、①財産権の規制も、②刑罰も、③課税も、いずれも条例で規定できると考えられています。ただし、これから条例をつくるに当たって、①②③についての議論を振り返ることには、少なからず意味があります。

2　条例による財産権規制

　憲法29条2項は、「財産権の内容は、公共の福祉に適合するやうに、法律でこれを定める」と定めています。つまり、国民の代表である国会が「法律」で定めたときのみ、国民の財産権を規制することができるという意味です。ここでは「法律」と明示されていますから、「条例」によって財産権を規制することはできるのかという問題が現れました。古都の風情・景観を大事にしたいから高層マンションの建設やネオン広告の設置はやめてほしいなど、建築規制や屋外広告物の規制などは地域の実情に応じて様々なので、条例による財産権規制には、高いニーズが見込まれます。

　最高裁は、条例による財産権制限の可否が争点となった奈良県ため池条例判決（最大判昭和38年6月26日刑集17巻5号521頁）において、この問題には直接、答えませんでした。ただし、現在の通説は、条

例による財産権制限は一般的に認められると解釈しています。土地基本法12条1項は、自治体に対して、「法律の定めるところにより」といった留保を付すことなく、土地利用の規制に関する措置を適切に講ずる義務を課していることから、同法の制定により立法的な解決（確認）が図られたとみることも可能でしょう。

　厳しい建築規制がかかっていると、自由にマンションなどを建設することができなくなりますから、開発は抑制され、土地の取引も低調になります。多少地価が下がっても構わないから、乱開発を抑制したい地域向けの規制ということです。条例によって厳しい規制がかかっていることは取引の当事者からみて明らかですから、取引の安全（予測可能性）を害するおそれもありません。

　ただし、商取引法などの取引のルールは、一国においてバラバラになっていると取引の安全を著しく害するので、条例で規律することは認められません。インターネット通販の発達で、日本全国あらゆる場所との間で商品の売買・流通が行われる現在、契約の成立・解除、危険負担、瑕疵担保責任などの商取引のルールについて地域ごとに別段の定めがされていたらと想像すると、空恐ろしいものがありますよね。

　＊　大阪府貧困ビジネス規制条例

　生活保護の受給者（被保護者）に住居や食事を提供する対価として、それに見合わない利用料を徴収するといった「貧困ビジネス」が社会問題となっています。「大阪府被保護者等に対する住居・生活サービス等提供事業の規制に関する条例」は、被保護者に対し住居や生活サービスを提供する事業者について届出を義務付けるとともに（同条例3条）、措置命令（同条例8条）、罰則（同条例12条）を定めることで、「規制の網」（→69頁）をかぶせるこ

とを試みており、注目されます。他方で、住居や生活サービスを
提供する契約の解除の申入れについての特則（同条例4条1項）
や、違約金の定めなど一定の契約内容の効力を無効にする特則
（同条2項）などは、「特定商取引に関する法律」と重複する部分
があり、その位置付けは難しいところです。

3　条例による罰則の創設

　憲法31条は、刑罰を科すときには法律の定める実体・手続によら
なければならないと定めています（罪刑法定主義）。そこで、条例で
刑罰を定めることは憲法違反にならないかについて、争われてきま
した。学説では、結論としては合憲とするものの、その理由付けは
様々です。

　最初に提唱されたのは、(a) 憲法73条6号但書が法律に委任のある
場合には政令で罰則を定めることができるとしていることとの比較
から、一般的・白紙委任ではなく、具体的な委任がなされていれば、
条例でも罰則を定めることは可能であるという説です。この説では、
地方自治法14条3項が、条例で罰則を定めることを具体的に委任し
た規定であるということになります。大阪市売春取締条例事件にお
いて最大判昭和37年5月30日刑集16巻5号577頁は、(a) 説により
つつ、条例は地方議会の定める自治立法であり法律に類するとして、
政令の場合よりも委任の個別性・具体性は緩やかでよいことを示唆
しています（ただし、同最判が依拠した地方自治法2条3項1号・7
号の例示は、現在では削除されています）。

　これに対して (b) 説では、条例での刑罰制定権は憲法94条により
直接授権されたものと解釈します。つまり、憲法94条を憲法31条の
特則として理解するわけです。ただし、憲法94条は「法律の範囲内」
で条例制定を授権する規定なので、地方自治法14条3項の制約に服

することには変わりありません。

　端的に、(c) 憲法31条の「法律」には条例を含むとする説もあります。この説に立つと条例制定の自由度は高くなりそうですが、別途憲法94条に従う必要があるため、結論は (a)(b) 説と変わりません。

4　条例による課税

　自治体には、条例を根拠にして、地方税を賦課・徴収することが認められています（地方自治法96条1項4号、地方税法3条1項）。しかし、ここでも、「あらたに租税を課し、又は現行の租税を変更するには、法律又は法律の定める条件によることを必要とする」と定める憲法84条との関係で、条例による課税の法的根拠には争いがあります。かつては、(a) 地方税の課税は地方税法3条の授権で初めて可能となるという説が有力でしたが、(b) 現在の通説は、憲法94条を根拠に自治体の固有の課税権（自主課税権）を認めています。

　神奈川県臨時特例企業税事件において、最判平成25年3月21日民集67巻3号438頁は、自治体の課税権を正面から認めながらも、「租税の賦課については国民の税負担全体の程度や国と地方の間ないし普通地方公共団体相互間の財源の配分等の観点からの調整が必要であることに照らせば」、租税法律主義の原則（憲法84条）の下で、法律において地方自治の本旨をふまえた準則を定めることが予定されているとしました。この準則を定めている法律が地方税法であるというわけで、学説では、「枠組み法」とよんでいます。

　自治体の課税権は、一応承認されてはいるけれども、地方税法の厳しい枠組みがはめられており、自由度は高くありません。地方税法の標準税率を超える超過課税も広く行われていますが、これも「財政上その他の必要があると認める場合」に限られますし（同法1条1項5号）、地方税法の定める上限を超えることは許されません

（制限税率）。たとえば、自動車税の場合は、標準税率の1.5倍が上限です（同法147条4項）。

　そのような状況下で、地方税法が規定していない税目を、自治体が条例で創設したものが、法定外税です。法定外税は、かつては自治大臣の許可がなければ――さらに大蔵大臣からの異議が差し挟まれる可能性もありました――創設できませんでしたが、分権改革によって、総務大臣と協議の上で同意が得られれば、創設できるようになりました。ただし、同意制と許可制とで具体的に何が異なるのかについては、なお争いがあります（参照、横浜市勝馬投票券発売税事件・国地方係争処理委員会平成13年7月24日勧告判時1765号26頁）。

　地方税の枠組みにおける課税（法定税）と法定外税の問題は、後で述べる委任条例と自主条例の関係に似ているところがあります（→16頁）。

5　その他

　これまであまり議論されてきませんでしたが、結婚や相続など、家族のあり方（憲法24条）についての基本的な事項も、法律によって全国一律に定められるべきと思われます。北海道では近親婚が認められているとか、大阪では複数の配偶者をもつことができるというのでは、わが国における家族の概念や相続の法制がバラバラになるからです。その意味で、平成27年に渋谷区が制定した「渋谷区男女平等及び多様性を尊重する社会を推進する条例」（同性カップル条例）は、同性カップルに「結婚に相当する関係」を認める証明書を発行するという内容であり、疑問があります。この条例の実際上の効果は、区営住宅への同居を認めるとか、各保険会社の裁量により死亡保険の受取人とすることができるといった程度ですが、やはり結婚や家族のあり方について、国と異なる路線を進むことには慎重

であるべきです（誤解しないでいただきたいのは、同性婚を認めるべきでないという趣旨ではなく、国民全体で議論した上で、同性婚を認めるのか否か、国として統一しなければいけないという意味です）。

❸ 法律と条例

1 委任条例

▶委任条例と自主条例

　条例の中には、①法律の中で施行の細目を決めることを条例に委ねており、それに基づいて制定される委任条例と、②それ以外の自主条例とがあります。この本は、自主条例のつくり方を念頭に置いています。というのも、委任条例の場合、法律の中で一定の「枠組み」が設定されており、条例はその「枠組み」の内側においてのみ、制定することが認められるからです。

▶条例の定めに委任される理由

　法律は、国会で様々な議論や利害の調整が交わされた上で制定されます。そのため、一旦法律を定めてしまうと、後から改正するのはなかなか困難です。そこで、機動性を高めるために、実務上は、委任立法という手法が幅広く行われています。これは、法律の規定は概要のみにとどめて、基準などの細目については行政機関の制定する政省令や自治体の制定する条例の定めに委ねるというものです。法律が細目の定めを条例に委ねたものが委任条例であり、法律自身が「地方の実情」に応じた別異の取扱いを明文で規定したものと理解することができるでしょう。委任条例の手法は、環境やまちづくりの領域で特に顕著にみられます。

▶上乗せ規制・横出し規制

　高度経済成長期から、国の法令がある事項につき一定限度の規制を定めている場合に、同一目的で条例でより厳しい規制を定めること（上乗せ規制）や、法令で規制されていない対象について条例で規制すること（横出し規制）はできるのかという問題が表面化しました。上乗せ規制とは、具体的には、法令で工場設置の届出制を採っている場合に条例で許可制を採用することや、法令で特定の汚染物質の排出量が3ppm以下とされている場合に、条例で2ppm以下まで規制を厳しくすることなどを指します。横出し規制とは、具体的には、法律で二酸化窒素（NO_2）のみを規制している場合に、条例で二酸化硫黄（SO_2）をも規制対象に加えることなどを指します。

　法律で全国一律の最低限度の環境基準（ナショナル・ミニマム）を設定する場合、どうしても、基準は都市部の工業地域のような緩やかなところに合わせざるを得ません。しかし、法律の中で規制の範囲の大枠が定められているような場合には、その定められた範囲内で、規制の上乗せ・横出しが許されるということです。多くの環境立法では、法律は規制の範囲の大枠を定めるにとどめ、具体的な基準は、各自治体が「地方の実情」に合わせて条例で設定するという立法技術が採られています。

　たとえば、水質汚濁防止法3条3項（→174頁）は、都道府県に対して、法令の排水基準によって人の健康を保護し、生活環境を保全するために十分でないと認めるときは、条例で、法令の排水基準よりも厳しい許容限度を定めることができると定めています。地方税法のように、法律が一定の税率の枠を決めて、その中から条例で特定の税率を選ぶという「枠組み法」も、この発想で理解されます。

▶「義務付け・枠付け」の緩和

委任条例については、以前は法律の厳しい縛りが及んでおり、自由度が高いとはいえませんでした。しかし、第二次分権改革により、とりわけ自治事務の領域では、「義務付け・枠付け」が見直されています。具体的には、施設・公物設置管理の基準、協議、同意、許可・認可・承認、計画等の策定およびその手続などにおいて、条例で定めることのできる範囲が拡大されました。たとえば、横浜市営住宅条例7条1項3号は、公営住宅の入居者選定（公営住宅法23条参照）における裁量階層（各事業主体の裁量により収入基準を引き上げることができる階層）の対象範囲を、「未就学児童がいる世帯」から「中学生以下の子どもがいる世帯」へと拡大しています。

2　自主条例と「法律先占論」

自治体は「法令に違反しない限りにおいて」条例を制定することが認められます。委任条例の場合は、法律の枠組みがあらかじめ提示されているので、その意味ではわかりやすいのですが、自主条例の場合には、この「法令に違反し〔てい〕ない」か否かを決める基準が問題となります。

かつては、法令が規制を定める場合には、それが当該領域における必要かつ十分な規制とみるべきなので、法令が規制を置いた領域について条例でこれと同一目的の規制を加えることは違法であるとされていました。この考え方を、「法律先占論」とよびます（法令が後から制定されても優先するので、法律専占論という用語法が正確です）。

しかし、高度経済成長期になると、特に環境・まちづくりの領域では、法律とは別異の規制を行うことの必要性が認識されて、法律先占論が大きな足枷となっていることが指摘されるようになりました。

3　徳島市公安条例判決

▶事案

そのような中、法律先占論を否定し、自治立法権に関するきわめて重要な判示を行ったのが、徳島市公安条例判決（最大判昭和50年9月10日刑集29巻8号489頁）です。約300人の集団示威行進を行ったXが、道路交通法と条例への違反で起訴されたため、条例の無効を主張しました。

道路交通法77条1項4号は、一般交通に著しい影響を及ぼすような行為で、都道府県の公安委員会が道路における危険防止その他交通の安全と円滑を図るために必要と認めるものについては、警察署長の事前許可を受けなければならないと定めていました。この許可には条件を付することができ、条件に違反した者は処罰されます。

これに対して、徳島市公安条例は、道路その他公共の場所における集団行進を行う際の県公安委員会への届出義務（同条例1条、2条）、および集団行動をする際の遵守事項を定めており（同条例3条）、これに違反した集団行動の主催者、指導者、煽動者を処罰することとしていました（同条例5条）。Xは、徳島市公安条例は、法令（道路交通法）が規制を置いた領域についてこれと同一目的の規制を加えるものであり、違法・無効であると主張したのです。

▶判旨の一般論

最高裁は、次のように述べて、Xの主張を退けました。

「条例が国の法令に違反するかどうかは、両者の対象事項と規定文言を対比するのみでなく、それぞれの趣旨、目的、内容及び効果を比較し、両者の間に矛盾抵触があるかどうかによつてこれを決しなければならない」。たとえば、❶「ある事項について国の法令中にこれを規律する明文の規定がない場合でも、当該法令全体からみ

て、右規定の欠如が特に当該事項についていかなる規制をも施すことなく放置すべきものとする趣旨であると解されるときは、これについて規律を設ける条例の規定は国の法令に違反することとなりうる」し、逆に、特定事項について規律する国の法令と条例とが併存する場合でも、❷「後者〔条例〕が前者〔法令〕とは別の目的に基づく規律を意図するものであり、その適用によつて前者の規定の意図する目的と効果をなんら阻害することがないとき」や、❸「両者が同一の目的に出たものであつても、国の法令が必ずしもその規定によつて全国的に一律に同一内容の規制を施す趣旨ではなく、それぞれの普通地方公共団体において、その地方の実情に応じて、別段の規制を施すことを容認する趣旨であると解されるときは、国の法令と条例との間になんら矛盾抵触はなく条例が国の法令に違反する問題は生じえない」。

▶具体的な事案へのあてはめ

　具体的なあてはめについて、最高裁は、道路交通法の目的は道路交通秩序の維持にあるのに対して、徳島市公安条例の目的は地方公共の安寧と秩序の維持にあり、両者の目的はまったく同じではないけれども、一部、重なり合っているとしました。となると、❸の基準から、道路交通法が「その地方の実情に応じて、別段の規制を施すことを容認する趣旨である」か否かが決め手となります。ここで手がかりとなるのは、道路交通法77条1項4号が、許可が必要となる行為について、各都道府県の公安委員会の設定するところに委ねていることです。いわば法律自身が、「地方の実情」に沿った取扱いを積極的に認めているともいえるわけで、こうした論理から、最高裁は、徳島市公安条例は道路交通法に違反するものではなく、有効であると結論付けました。

≪徳島市公安条例判決の示す基準≫

❶　ある事項について国の法令がこれを規律する規定を置いていない場合、条例で規律を行うことは、（法令による規定の欠如が特に当該事項についていかなる規制をも施すことなく放置すべきものとする趣旨であるような）よほどの例外を除いて許される。

➡**規制を置くこと自体が憲法で禁じられているときでもない限り、条例で規律を置いてよい。**

❷　特定事項について規律する国の法令と条例とが併存する場合であっても、両者の目的が異なる場合には、条例が法令の規定の意図する目的と効果を阻害するものでない限り、条例での規律は許される。

➡**条例が法令の意図する目的と効果を阻害する場合というのがあまり思い付かないので、ほとんどの場合は、条例で規律を置くことが認められる。**

❸　特定事項について規律する国の法令と条例とが併存する場合で、両者の目的が重なり合っている場合には、法令がその地方の実情に応じて別段の規制を施すことを容認する趣旨と解されるときでなければ、条例で規律を行うことは許されない。

➡**法令の規律が条例で別段の規制を置くことを認めている趣旨でないと、条例で規律を置くことは認められない。**

❹ 様々な法規範と条例

1　政省令と条例

　若干、迷うことがあるのは、政省令と条例の優先関係です。法律と政省令は、併せて「法令」とよばれ、法令は条例よりも優先されますので、政省令は条例よりも優先されることになります。

2　通知（技術的助言、処理基準）と条例

　とりわけ福祉の分野などでは、中央官庁から事細かに通知が発出されています。しかし、通知は単なるアドバイスにすぎず、法的拘束力はありませんので、自治体職員が従う義務はありません。したがって、通知の内容に違反する条例を制定しても、違法にはならず、有効です。

　ただし、通知の意味合いについて気になると思いますので、若干、補足しておきます。通知の性質には、大きく分けて、技術的助言と処理基準の2つがあります。技術的助言とは、自治事務であるか法定受託事務であるかを問わず、国の行政機関が自治体に対して客観的に適当と認められる行為を促したり、その行為を行うに際して必要な事項を提示したりする行為であり（地方自治法245条の4）、行政庁が私人に対して行う行政指導（行政手続法2条6号）に似ています。

　処理基準とは、自治体が法定受託事務を処理するに当たってよるべき基準のことで、国の各大臣により定められます（地方自治法245条の9）。処理基準は法的拘束力をもたないので、やはり自治体職員のみなさんが従う必要はありませんが、自治体が処理基準に違反した運用を行った場合、各大臣から是正の指示がなされる可能性はあります。

＊　かつての「通達」

　ここで注意が必要なのは、分権改革以前に中央官庁から盛んに発せられていた「通達」と「通知」の違いです。「通達」とは、訓令や告示などと同様に、行政機関の内部でやり取りされる法規範のことを指し、下級行政機関は、上級行政機関の発する通達に従う義務があります。機関委任事務が存在した当時、機関委任事務を行う限りにおいて自治体の長は国の大臣の下級行政機関として位置付けられていたので（→3頁）、自治体職員であるみなさんは通達に従わなければいけませんでした。しかし、分権改革によって機関委任事務は廃止され、自治事務においても法定受託事務においても国と地方は対等・協力の関係となった以上、上下関係はもはや存在しません。したがって、通達に従う義務はなくなったわけです。「通知」は、かつての通達が装いを変えただけのものに映るかもしれませんが、通知に従う法的義務はないため、単なるアドバイス程度に受け取っておけば大丈夫です。

第3節　条例が違憲・違法とされるケース

❶ 法規範相互の優先関係

　抽象的な説明をしてもわかりにくいので、条例が違憲・違法ではないかが争われるケースについて、簡単にみていきましょう。まずは、右頁の図をみて、法規範相互の優先関係をおさらいしてください。

　理屈の上では、条例は憲法にも法律（政令・省令を含む）にも違反してはいけないので、条例が憲法違反として無効と判断されるケースもあり得ます。平等原則違反であるとか、自主条例であり対応する法律が存在しない場合などです。しかし、ほとんどの場合になされるのは、条例が直接憲法に違反するという判断ではなく、規制を通じた公共の利益の確保と経済活動の自由のような憲法原理とを調整・具体化した個別の法律に違反するといった判断です。少々わかりにくいので、以降の記述を読んでみてください。

　なお、この本のテーマは立法法務ですので、以下では条例という「法規範」の制定行為が憲法・法律に反する場合を取り上げていますが、当然のことながら、条例に基づき行われる個別の行政活動（措置命令の発出、過料の賦課、代執行など）も、憲法・法律に違反してはいけません。

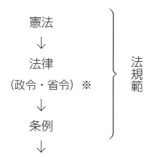

```
＊　法規範相互の優先関係

              憲法
               ↓
              法律                 法
           （政令・省令）※          規
               ↓                  範
              条例
               ↓

   許認可、措置命令などの行政処分、過料の賦課処分、代執行

   ※　政令と省令をあわせて「命令」とよぶ場合がありますが、措置命
       令の「命令」とは意味合いがまったく異なるので、注意しましょう。
```

❷ 平等原則違反

▶平等原則

　平等原則というのは、行政が合理的な理由なくして国民を差別的に取り扱うことは許されないという原則です（憲法14条１項）。

▶個別の行政活動における平等原則──公の施設の使用許可

　たとえば、「公の施設」である市立公民館の一室を会議で使いたいからといって使用許可を申請してきたAとBに対して、Aには許可を下したのに、Bは不許可とするようなことは、合理的な理由がなければ許されません（憲法14条１項、地方自治法244条３項──これは、「公の施設」の差別的利用を禁じた規定であり、憲法14条１項を具体化したものです）。先着順か抽選によって、いずれに使用許可を与えるか決めなければいけないのです。なお、会議室は30人までしか収容できないのに、Aが100人規模の集会を開きたいといって使用

許可を申請してきたような場合には、施設の容量不足を理由に不許可とすることにも、「合理的な理由」が認められます。

▶法規範と平等原則

　それでは、市立公民館条例を制定して、女性の利用は認めるけれど男性の利用は認めないと定めた場合はどうでしょうか。この場合にも、当該条例の規定は、平等原則に違反する違憲（憲法14条1項）、違法（地方自治法244条3項）なものとして、無効になります。法律が平等原則に違反するのではないかが争われた事例として有名なのが、尊属殺重罰規定違憲判決（最大判昭和48年4月4日刑集27巻3号265頁）です。最高裁大法廷は、尊属殺人（子どもが親を殺害した場合のこと）の罪を通常の殺人罪と比べて重く罰することを定めた当時の刑法200条を違憲無効と判断したのですが、理由付けとして採用したのは、尊属殺人を通常の殺人と比べて重く罰することは平等原則に違反するという理由ではなく、尊属殺人を通常の殺人と比べて重く罰すること自体は構わないのだけれども、それにしても刑が重すぎるという比例原則（罪刑均衡の原則）違反（→30頁）でした。

❸ 表現の自由への抵触

▶集会・結社の自由

　憲法21条1項は、「集会、結社及び言論、出版その他一切の表現の自由」について保障しています。条例で問題になることが多いのは、集会・結社の自由です。

　有名なのは、無許可でデモ行進をした者を処罰するとした東京都公安条例の合憲性が争われた最大判昭和35年7月20日刑集14巻9号1243頁です。最高裁は、平穏静粛な集団行動であっても突発的な内外からの刺激・煽動によって一瞬にして暴徒と化す危険があること

からすれば、不測の事態に備えて事前に必要かつ最小限度の措置を講じることはやむを得ないとして、許可制の運用が実質において届出制と異なるところがないといった理由から、違憲ではないとしました。

　表現の自由への規制では、処罰の範囲が不明確で、しても良いことと悪いことの区別がつかず、結果として表現活動を萎縮させてしまうという萎縮効果が問題になります（詳しくは、→132頁）。徳島市公安条例判決（最大判昭和50年9月10日）でも、「交通秩序を維持すること」といった要件がわかりにくいのではないかといった疑問が向けられましたが、最高裁は、集団行進等における道路交通の秩序遵守についての基準を読み取ることは十分可能であるとして、合憲判断を下しています（その他、広島市暴走族追放条例事件・最判平成19年9月18日刑集61巻6号601頁）。

▶検閲の禁止

　徳島市公安条例判決の説明で、よほどの例外を除いて、❶の基準に違反するケースはないと書きましたが（→21頁）、検閲を定めた条例などは、「よほどの例外」に該当することになります。出版物について事前に規制する法律がないのは、検閲が絶対的に禁止されているからであり（憲法21条2項）、法律が規制に関心をもっていないからではありません。

　最判平成元年9月19日刑集43巻8号785頁では、「有害図書」に指定された本の自動販売機での販売を禁じた岐阜県青少年保護育成条例の合憲性が争われましたが、最高裁は、「行政権が主体となって、思想内容等の表現物を対象とし、その全部又は一部の発表の禁止を目的として、対象とされる一定の表現物につき網羅的一般的に、発表前にその内容を審査した上、不適当と認めるものの発表を禁止す

ることを、その特質として備えるもの」という「検閲」の定義（最
大判昭和59年12月12日民集38巻12号1308頁）に該当しないことを理由
にして、違憲ではないとしました。

　近年では、差別的な言論を規制するヘイト・スピーチ条例が注目
を集めています。不合理な差別を行ってはいけないことは当然です
が、罰則付きで言論の内容を取り締まることは慎重であるべきです。

❹ 経済活動の自由の侵害

▶経済活動の自由と各種規制法

　憲法22条１項は、居住、移転および職業選択の自由を保障してお
り、一般には経済活動の自由（営業の自由）として理解されていま
す。実は、上位の法規範である憲法・法律と条例の適合性が争われ
る事案のほとんどは、経済活動の自由をめぐるものです。

　というのも、工場の営業など、事業者の活動を規制する各種の規
制法は、憲法が保障する事業者の経済活動の自由と、公共の利益
（憲法22条１項は、「公共の福祉」とよびます）とを勘案した結果、い
かなる規制が妥当であるのかについて国会で審議し、調整が行われ
た産物だからです。法律における規制は、経済活動の自由と公共の
利益とを比較衡量して「落としどころ」を探った成果物である、そ
のように考えれば、徳島市公安条例判決の❸の基準にいう「法令が
その地方の実情に応じて〔条例によって──筆者注〕別段の規制を
施すことを容認する趣旨」は、あまり読み取ることができないよう
に思われます。条例で「別段の規制」を加えれば、国会が調整した
バランスを崩す、過剰規制ともなり得るからです。

　なんだか条例制定にとって後ろ向きなことばかり述べましたが、
これは、条例によって「必ず誰かに我慢を強いる」ということを認
識してもらいたいからです。誰かに強いることになる我慢を上回る

だけの公共の利益（＝立法事実）が認められなければ、せっかく条例をつくっても、違憲・違法と判断されかねません（詳しくは、→34頁）。

▶〔事例〕旅館業法とモーテル条例

　長崎県飯盛町は、「飯盛町旅館建築の規制に関する条例」を制定し、旅館業法の規制とは別に、モーテルを建築しようとする者は、町長から同意を得ることと定めました。原告は、モーテル類似の旅館を建築することを計画したところ、町長から不同意とされたため、取消訴訟を提起しました。

　まず、旅館業法の目的は、「善良の風俗の保持」です。旅館を経営しようとする者は県知事の許可を受けなければならず（同法3条1項）、県知事は、その設置場所が、学校、児童福祉施設、社会教育施設などの敷地の周囲おおむね100mの区域内にある場合においては、許可を与えないことが認められます（同条3項）。

　これに対して、飯盛町条例の目的は、「住民の善良な風俗を保持し、健全なる環境の向上を図り、もつて公共の福祉を増進すること」にあります（同条例1条）。旅館業を目的とする建築物を建築しようとする者は町長の同意を得なければならず（同条例2条）、町長は、その建築物の位置が①住宅地、②官公署、病院およびこれに類する建物の附近、③教育、文化施設の附近、④児童福祉施設の附近、⑤公園、緑地の附近、⑥その他町長が不適当と認めた場所に該当する場合は、善良な風俗を損なうことなく、かつ、生活環境保全上支障がないと認められる場合を除いて、同意しないとされていました（同条例3条）。

　福岡高判昭和58年3月7日判時1083号58頁は、飯盛町条例は旅館業法と同一目的の規制を行っているとして、徳島市公安条例判決の

❸の枠組みに則って判断を行いました。そして、旅館業法は規制場所につき自ら定めを置いていること、しかも規制場所については施設の周囲おおむね100メートルの区域内と限定しており、これは無制限に規制場所を広げることは職業選択の自由（憲法22条1項）との関係で問題があるからであろうこと、旅館業法が条例で定めることを認めているのは、都道府県条例によって学校・児童福祉施設等を規制場所に加えることなどに限られることからすれば、旅館業法は条例によって高次の規制を行うことを認めていないとして、関係する飯盛町条例の規定を違法・無効と判断し、不同意処分を取り消しました。

❺ 比例原則の視点

▶比例原則

❸と❹の説明は、ややわかりにくかったかもしれません。一言でいうと、もっともな目的を達成するためであっても、規制のやりすぎはよくないということです。これを比例原則とよびます。

比例原則というのは、行政による権限の行使は、行政目的を達成するために必要な範囲でのみ許されるという原則です。たとえば、軽微な食中毒事件を発生させた飲食店に対して営業停止処分（食品衛生法60条1項）を下す目的は、原因の究明と再発防止のためであり、大抵は、数日間で済まされます。それにもかかわらず、目的と比較して不相応なほど長期間の、たとえば1か月の営業停止処分を下すことは、目的と手段の均衡を欠くものであり、比例原則違反として違法になります。

＊　比例原則と罪刑均衡の原則

みなさんも、犯罪のニュースをみて、あんなに悪い強盗事件を起こしたのに、このくらいの懲役では軽すぎるとか、十分に反省しているのに罪が重すぎるのではないかなどと疑問をもつことがあるでしょう。重い違反には重い罪（処分）、軽い違反には軽い罪（処分）が求められるという発想が、まさに比例原則なのです。

▶条例制定と比例原則

上の説明は、条例を執行する（行政処分を発出する）段階のものです。ですが、条例を制定する段階でも、比例原則は問題となります。たとえば、タバコのポイ捨てをした者に対して懲役2年とか罰金100万円といった刑罰を定めることは、さすがに刑が重すぎるので、比例原則（罪刑均衡の原則）に反し違法となり得ます。

❸や❹で説明した過剰規制の問題も、比例原則違反として理解することが可能です。飯盛町条例についていえば、モーテル類似の旅館の設置場所を厳しく限定するのは、憲法の保障する経済活動の自由（憲法22条1項）に対する過度の制約であるということです。もっと正確にいうと、旅館業法が定める規制というのは、【旅館業者の経済活動の自由】と【地域住民の善良な生活環境の保持（公共の利益）】を天秤にかけてギリギリの調整の結果得られた産物であって、国会はそれ以上の立地の制限を認めておらず、仮に旅館業法以上に立地を絞るならば、過剰規制となるという趣旨です。

大づかみにいえば、条例による制約は、制約を行う目的が正当であるか（立法目的の正当性）、および制約のための手段が目的達成のために必要な限度を超えていないか（手段の相当性）という観点から判断されます。この「必要な限度」は、問題となっている人権の内容・性質によっても変わってくるため、いかなる物差しを用いる

かが焦点となります。憲法学では違憲審査基準論とよばれる大論争があるのですが、この本では、「規制の目的が正当であっても、規制のやりすぎはよくない」ということだけ、理解しておいてください。

第2章

実際の条例をもとに、その構造をみていこう

第1節　条例を制定する前に

① 条例がなくてはできない政策なのか考えよう——立法事実——

▶立法事実とは

　条例を制定する上で最も大切なのが、その条例が必要とされる根拠付けをしっかり確立させることです。ここで、条例を制定する際の基礎を形成し、それを支えている背景となる社会的・経済的事実のことを、**立法事実**とよびます。言い換えれば、なぜそのような条例が必要なのか、みなさんが議会の議員や幅広く住民に対して説明できるような根拠付けのことです。就職活動中の学生が志望企業をめざす動機のようなものと考えると良いでしょう。

▶「条例の留保」と立法事実

　立法事実は、「条例の留保」とも関係します。住民の権利を制限し、義務を課す政策は、条例の根拠がなければ実行できないのですから、推進しようとしている政策が、いかなる局面において、住民の権利を制限し、義務を課すような内容であるのか、きちんと認識しておかなければいけません。立法事実は、条例の必要性・相当性を基礎付けるきわめて重要な要素です。

≪自治体が直面する課題と立法事実≫

「現在、わが市は△△という課題に直面しており、この課題を解決するために、●●という手段を採用することになりました。これは条例の根拠がなければできないので、条例を制定するに至ったものです」

① △△：工場の放つ悪臭、●●：排出物の基準値を定める

② △△：マンションの乱開発、●●：開発許可制の厳格な運用

③ △△：市街地の放置自転車、●●：登録自転車以外の市街地乗入れ制限、駐輪禁止

▶必ず誰かに我慢を強いているということ

　立法事実が欠けていると、そもそも住民の理解を得られないし、議会も通るわけがありません。みなさんが常に心にとめておかなければならないのは、条例を制定しなければ実現できないような政策課題というのは、様々な利害関係を調整する中で、必ず誰かに我慢を強いる（規制を行う）性質のものだということです。禁煙を定める条例ならば、喫煙者に我慢を強いているわけです。もしタバコに強い臭いや健康上の影響がなかったとしたら、「公共の場では禁煙！」と主張しても、喫煙者の納得は決して得られません。自ら好んで不必要な我慢を受け入れる人など、いないからです。

　我慢を強いる人たちに対して、納得して我慢を受け入れてもらうためには、筋道立てて規制の必要性を理解してもらう以外にないのです。わざわざ条例を制定しなければできないようなことをあえて行うわけですから、立法事実は、投入するエネルギーに見合った価値のある政策課題に対応するものでなければいけません。

　国の法律でも、世論の大きな反発を受けるのは、そもそも立法事実が薄弱であるか、政府の説明の仕方がまずく（あるいはメディアのミスリーディングな報道に惑わされて）、立法事実に対する了解が十分に得られていないようなケースです。裏を返せば、立法事実がしっかりしている、すなわち自治体にとって「本当に必要な」条例ならば、多少の困難は乗り越えられるはずです。

　仮定の話ですが、新型コロナウイルスの感染拡大を防ぐために、

正当な理由がない限り、外出時にはマスクを着用する義務を課し、違反者には刑罰を科すという法律・条例を制定するという話が出てきたとして（実際に韓国ではそのような法律が制定されたそうです）、これはかなり自由を制限する度合いの高い法律・条例ですが、そうした法律・条例を制定する必要性（立法事実）自体は、相当程度の国民の納得を得られるということは理解できるでしょう（日本人はそのようなルールの強制がなくとも自発的にマスクを着用するので制定しなくて済んだということだと思います）。政策というものは、本当に必要性が高いのならば、実現へと漕ぎ着けられるものです。法制執務の細かい約束事などは、技術的な取り決めにすぎず、本質的な話ではありません。

▶太陽光パネルが濫立した背景

　東日本大震災以降、国のエネルギー政策が見直されたことで、太陽光、風力、地熱など再生可能エネルギーの普及が喫緊の課題となりました。「電気事業者による再生可能エネルギー電気の調達［促進］に関する特別措置法」（再エネ特措法、［　］内は改正後の名称）では、電気料金の単価に上乗せ徴収した賦課金を原資とする固定価格買取制度（Feed-in Tariff：FIT）を通じて、太陽光発電の普及が後押しされました。たとえば、平成24年度の制度開始当初は、それまでの市場価格の倍近くである40.00円/kWhという高水準の価格で、10kW以上の規模ならば20年間、それ未満の規模では10年間の買取期間が設定されたのです。

　こうした強力な後押しもあり、従来のような公共施設や住宅の屋上だけでなく、全国の遊休農地などが野立て太陽光パネルで埋め尽くされるようになり、さらには森林を切り拓いて出力1000kWを超える「メガソーラー」が続々と設置されるなど、市場は「太陽光バ

ブル」ともいえる活況を呈しました。

　他方、太陽光パネルの急速な普及に伴って、近隣住民とのトラブルも急激に増加しました。太陽光パネルが引き起こすトラブルには、①パネルの設置が良好な景観を損ねる「景観侵害タイプ」、②機材が破損、飛散、倒壊することで周囲に危険をもたらす「機材破損タイプ」、③森林を伐採してパネルを設置したような場合で豪雨などを契機に土砂災害が生じる「斜面崩落タイプ」、④隣家に反射光が射し込む「反射光タイプ」など、様々なものがあります（詳細は、板垣勝彦『地方自治法の現代的課題』第一法規（2019）353頁以下）。

　その多くに共通しているのが、パネルの管理不全がもたらす弊害です。適切に維持管理されているうちは良いのですが、十数年後には買取期間が終わり、耐用年数も過ぎたパネルが続々と朽ち果てていく姿を全国各地で目にすることになるでしょう。その際、パネルを設置した事業者の消息が掴めなければ、自治体が対応に手を焼くことは容易に予想できます。

▶太陽光パネル条例の立法事実

　太陽光パネル条例の立法事実についてまとめると、「現在、わが自治体は太陽光パネルの濫立がもたらす①景観侵害、②機材破損、③斜面崩落、④反射光への対応という課題に直面しており、この課題を解決するために、許可制によって太陽光パネルの適切な維持・管理を求めるという手段を採用することになりました。これは条例の根拠がなければできないので、条例を制定するに至ったものです。」ということになります。

▶景観計画を策定する方法

　条例を制定しなくとも、太陽光パネルの濫立に対処する手法とし

て、景観法に基づく景観行政団体となり、景観計画を策定するという方法があります（同法７条１項・８条）。言うまでもなく、①景観侵害タイプに適した対応策であって、条例で定めを置くことで、景観計画に適合しない行為に対して、設計変更、建築物の除却、改築などの原状回復、外壁の色彩の変更といった内容の措置命令を発することが可能となります（景観法17条１項）。過失なく相手方を確知することができない場合の略式代執行（同条６項）、制裁としての刑罰（同法101条）の定めも置かれています。景観法を用いた手法は、図やイラストを用いて、色彩や形態意匠のレベルにまで踏み込んだ具体的な規制を及ぼすことができる点では優れていますが、②機材破損タイプや③斜面崩落タイプには対応できないため、そちらは別途規制が必要になります。

❷ 政策実現に至るプロセスを思い描こう

▶条例制定の機運をつかむ

　実務的に最も重要なのは、条例制定の機運をつかむことです。法律と関係のない運任せな発言ですので、呆れられそうですが、昔の人が「天の時、地の利、人の和」と言ったように、職員が意気を揚げていけば（人の和）、機運もつかめる（天の時）というものです。少なくとも、最初から諦めていては好機も到来しようがありません。

　巨人や大リーグで活躍した松井秀喜選手は、常に練習を怠らない理由について、「チャンスが到来するかどうかは運。しかし、運が向いてきたときに、その運を逃さないためにも、普段からの準備を怠ってはいけない」と語っていました。この松井選手の信念に近い考え方が、「政策の窓」です。「政策の窓」とは、政策決定には、①課題の認識、②政策案の形成、③政治という３つの流れがあり、この３つがある時期にうまく合流すると、「政策の窓」が開かれて政

策の決定・実現に至るのだけれども、「政策の窓」が開かれている期間は短いために、その機会を逃すと次まで待たなければならないという考え方です。

「政策の窓」が開かれたことで急速に普及したのが、空き家条例です。平成22年に「所沢市空き家等の適正管理に関する条例」が制定されてから、瞬く間に全国400の自治体へと広がり、4年後には、議員立法で「空家等対策の推進に関する特別措置法」（以下、「空家特措法」とよびます）の成立に結び付きました。①空き家という課題が潜在的にいかに認識されていたかという「流れ」、その中で、②所沢市が政策案のモデルを示した「流れ」、そして、③政治がその機運を逃すまいとした「流れ」が合流して、大きなうねりを生じさせたものといえます。

私は自治体で働いたことがないので、政策実現のカギを握る長なり、幹部職員なり、議員なりをつかまえて話を聞いてもらってくださいと言う以外になく、その具体的なつかまえ方についてアドバイスすることはできません。普段からの準備を怠らないでおけば、いつか「政策の窓」は開かれる。そのように信じて、地道にコツコツ取り組んでください。

▶様々な政策立案の選択肢

政策の効用に着目し、役に立つ政策を立案するためのモデルとして、次の3つが提示されています。1つ目が合理的決定モデルであり、政策を決める際には、費用対効果の視点から徹底的に対案を精査して、政策目標を最も効率的に達成する選択肢を選ぶべきであるという考え方です。合理的決定モデルは政策立案の理想を示しており、特段の困難に直面することなく、このモデルが選択できるのならばいうことはありません。問題は、自治体の政策資源（人、お金、

時間）は有限であることです。都市部の大規模な自治体か、（首長が選挙公約に掲げるなど）よほど意欲があって政策資源の多くを1つの政策に集中投資できるような自治体でなければ、合理的決定モデルを採ることは難しいでしょう。

　そこで、現実的な選択肢として提案されるのが、満足化モデルです。これは、当面の課題を満たすことのできる選択肢があれば、それで良しとする考え方です。わかりやすくいえば、お店で服や靴を選んだり、借りる部屋を探すときに、気に入ったものに出会ったらインスピレーションで決めてしまうやり方です。個人の選択ならば、満足化モデルも1つの生き方として否定されるものではありません。ビビビッときて結婚する人だっているのですから。しかし、税金を使って政策を遂行する以上、もっと効率的に目的を達成できる他の選択肢があるならばそちらを選ばなければならず、対案との比較検討は不可欠です。

　合理的決定モデルは理想的だけれど時間もお金もかかる。満足化モデルは思い付きの感が否めない……。そこで登場するのが、増分主義モデルです。これは、先例や類例を前提にして、修正すべき部分だけを修正し、少しずつ（漸進的に）より良い政策へと近づけていこうという考え方です。先例や類例というのは、よほどの失敗事例でない限り、それなりにうまくいった実例なのですから、先例や類例に倣うやり方は一概に否定されるものではありません。増分主義モデルは、行政実務に限らず、様々な仕事のやり方として手堅く採用されています。先進自治体の運用に倣って、制度設計を行うというやり方は、どのような政策でも一般的でしょう。

　増分主義モデルは、先進自治体の事例に倣うだけではなく、自分の自治体での似たような事例（先例）に倣うことも含まれます。ごみ屋敷対策は過去に先例がなくても、空き家対策ならば、空家特措

法も制定されたことですし、先例となるべき経験が蓄積されている
はずです。空き家対策と同じように考えればごみ屋敷対策もラクラ
クなのでは……と考えることは、自然な流れです。

	概要	長所	短所
合理的決定モデル	様々な選択肢から費用対効果を精査して決定を行う	費用対効果の視点からみて理想的な決定を行うことができる	時間もお金もかかり、小規模自治体では難しい
満足化モデル	ひとまず当面の課題を満たすことができる選択を行う	時間・お金の節約、より効率的な他の選択肢に気付かなければ幸せかもしれない	思い付きであり、より良い方法があとから見つかって後悔する可能性がある
増分主義モデル	先例や類例を自分たちに適合するようにつくりかえる	時間・お金の節約、先例や類例の失敗に学ぶことができる	先例や類例の欠点をそのまま引き継いでしまうおそれがある

▶増分主義モデルの注意点

　しかし、そんな簡単には事は運びません。他の自治体ではうまく
いっていることが、自分の自治体でも通用するとは限りませんし、
もっと良い選択肢があるならば、そちらを選択すべきでしょう。先
例や類例の中には、本当は非効率なやり方なのだけれども、それが
認識されることなく温存されて、漫然と引き継がれている例も少な
くありません。

　それでは、どうすれば良いのでしょうか。最も効率的な政策立案
の方法は、増分主義モデルに立ち、先例や類例の良いところをみな
さんの自治体の実情に合わせて採り入れて、かつ、先例や類例の失

敗を上手に避けることです。他ならぬわが国の法制も、明治時代、終戦直後、そして現代に至るまで、欧米の進んだ制度を見倣って整備されてきました。もっと遡れば、奈良時代の律令体制だって、隋・唐の進んだ制度を真似したのです。

　ただし、そのためには、やはり制度設計の基本部分について、理論を正確に理解することが求められます。誤解を恐れずに言えば、制度設計の中心に、誰か1人でも良いから、理論を正確に理解している人が必要なのです。だからこそ、いつの時代でも、先進的な制度を学ぶべく諸外国に留学した人がいたわけです。この本は、増分主義モデルに立った政策立案を手助けするために、自治体の制度設計の中心に立つべき「誰か1人」に向けて、制度の背景にある理論を正確に理解してもらうためのものです。

❸ 関係部署と調整しよう

▶専門の部局

　ごみ屋敷条例を制定しようとする場合を例にとると、条例に基づき事務を実施するために、関係部署と連携・調整を行う必要が出てきます。部局の名称は自治体によっても異なりますが、ごみ屋敷条例の実施については、おおむね、①建築や都市計画などを所管する都市住宅局、②環境政策を所管する環境局（その中でも特に、ごみの収集・運搬・処理に特化した資源循環局）、③社会福祉を所管する健康福祉局が関係してくると思われます。

　行政組織に任される仕事は、税務・財務、教育、まちづくり、環境、福祉など多種多様であり、1つの部局ですべてを解決することは困難です。様々な仕事を的確かつ効率的に実施していくために、具体的な事務の遂行は、それぞれの分野に専門的に特化した部局が担っています。

　しかし、こうした部局は、行政の都合で設けられた区分ですから、とりわけ新しいタイプの問題については、いずれかの部局だけで対処するのは難しいことがあります。縦割り行政（セクショナリズム）の弊害に陥ることなく、それぞれの部局で十分な連携を取り、課題に立ち向かっていかなければなりません。

　＊　総合行政主体としての自治体

　ただし、国の省庁が、財務・税務（財務省）、教育（文部科学省）、まちづくり（国土交通省）、環境（環境省）、福祉（厚生労働省）などに応じてそれぞれ分かれているのに対し、自治体における部局は、組織間の垣根がそれほど厳格ではありません。言うまでもなく、職員も人事異動によって複数の部局を渡り歩きます。このような観点でみたとき、自治体のことを総合行政主体とよぶことがあります（地方自治法1条の2第1項）。部局間の垣根を越えて、広い視野から政策を実現していく上では、国よりも総合行政主体である自治体の方が構造的にみて恵まれていると思います。

▶所管部署を決めることの重要性

　それならば、関係のありそうな部署が共同して責任を負うと決めれば大丈夫だろう、と軽く考えていないでしょうか。しかし、「共同責任」の発想には、大きな落とし穴があります。というのも、共同責任の発想は、それぞれの部局がお互いに緊密な連携がとれているような理想的（例外的）な場合を除いて、実際には機能不全を起こす可能性が高いからです。たとえ現在は職員同士のウマが合って、部局間の連携が取れていたとしても、中心となる部局を決めておかないと、配置転換が進んで世代交代が起こったときに、共同責任を担うとされていた課題はうやむやにされてしまいがちです。

　共同責任の発想で一番まずいのは、住民からみたときの行政の窓口を不在にする危険があることです。住民がごみ屋敷について苦情を申し立てようと資源循環局に出向いたとき、「それは都市住宅局や健康福祉局との調整が必要な事項だから、今すぐには対応できません」などと返答していないでしょうか。いわゆるたらい回しも同様です。資源循環局に苦情を言いに行った住民が、窓口でそれは都市住宅局の所管だから苦情はそちらでお願いしますなどと返答され、都市住宅局に行けばそれは健康福祉局に行ってくださいと言われ、健康福祉局に行けば資源循環局に回される……という、傍目でみれば笑い話ですが、当事者にしたらたまらない状況です。

　私も、別にいやがらせ目的でたらい回しをしているわけでないことくらいは理解しています。自分の部署の権限だけで責任ある返答ができないといった（ある意味では）良心的な対応の積み重ねも、たらい回しが生じる1つの原因です。しかし、住民にとってはそんなことは関係ありません。行政を頼ってきたのに、様々な部署をたらい回しにされることは、行政の責任の放棄です。

　共同責任の発想には、たらい回しにつながりかねない危険があります。いずれの部署が所管する——権限と責任を負う——のかについてあらかじめ決めておくことは、政策決定の鉄則です。初めに言い出した部局が責任を負わされそうだから、どこの部局も政策課題の解決に向けた提案について様子見になる、などというのは論外です。条例制定を契機にして、これまで曖昧であった所管部署を明確に定めることもあると聞きますが、そのような現象は条例制定の好ましい副産物といえます。

第2節　条例の目的・基本方針について明らかにしていこう

　ここからは、実際の太陽光パネル規制条例を例にとりながら、一緒に考えていきましょう。以下では、意欲的な施策を採り入れている最新の「山梨県太陽光発電施設の適正な設置及び維持管理に関する条例」（以下「山梨県条例」とよびます。）をメインに、必要に応じて各種法令、他自治体の太陽光パネル条例、空き家条例、ごみ屋敷条例などを参照します。

≪代表的な太陽光パネル条例≫
　以下の記述では、次の略称を用いることにします。
○　由布市条例：由布市自然環境等と再生可能エネルギー発電設備設置事業との調和に関する条例（平成26年条例第1号）
○　高崎市条例：高崎市自然環境、景観等と再生可能エネルギー発電設備設置事業との調和に関する条例（平成27年条例第32号）
○　神戸市条例：神戸市太陽光発電施設の適正な設置及び維持管理に関する条例（平成30年条例第14号）
○　那須塩原市条例：那須塩原市太陽光発電事業と地域との調和に関する条例（令和2年条例第3号）
○　山梨県条例：山梨県太陽光発電施設の適正な設置及び維持管理に関する条例（令和3年条例第27号）

❶ 先行自治体の条例を参照する際のポイント

▶コピペすれば簡単？

　さて、増分主義の考え方に基づいて、太陽光パネル条例の立案に着手しましょう。それでは、先行自治体の太陽光パネル条例を単純

にコピペすれば、みなさんの自治体に適合した太陽光パネル条例ができあがるのでしょうか？

> ＊　コピペ
> 　文書作成をコピー＆ペーストによって行う、剽窃のこと。インターネットの普及に伴い、最近では学生のレポートだけでなく、専門の研究論文などにも多くみられます。

　いや、必ずしもそうではありません。太陽光パネルの濫立について、自治体ごとに解決しなければならない課題が結構異なっており、それに合わせて太陽光パネル条例にも様々なバリエーションがあるからです。また、初期に制定された太陽光パネル条例の多くは、行政指導の手法を中心に組み立てられており、実効性の点で心許ない点があります。

≪様々な太陽光パネル条例のバリエーション≫

○　（平地の）景観侵害タイプを念頭に置く
　　→景観計画、景観条例型の規制
○　斜面崩落タイプを念頭に置く
　　→山梨県条例のような規制
○　「自然環境の保全」一般を念頭に置く
　　→佐久市自然環境保全条例のような規制＊
＊ただし、佐久市自然環境保全条例は太陽光パネルを規制対象から外した。

▶参照すべきポイント
　その一方で、先行自治体の条例は国の法令との矛盾抵触関係が生

じないように（→10頁）、関係各所と入念な調整をした上で制定・施行されていますから、設置規制区域の設定など、みなさんの自治体が条例制定を検討する上でつまずくポイントを先に乗り越えています。しかし、一定程度の法的知識がないと、そうした先行自治体の苦労の成果に気付くことなく、漫然と見過ごしてしまうでしょう。最も陥りがちなのが、その規定に重要な意味があることを知らず、不要なものだと思って削除してしまったり、あるいは、不要な規定を付け加えてしまったりすることです。とりわけ、①太陽光パネルの設置に許可制を用いているか、それとも届出制で済ませているか、②条例違反に対していかなる措置命令を規定しているか、③実効性確保の手法として罰則を設けているかといった法的拘束力と関係する箇所には気を付けてください。

❷ 義務者の捕捉

▶常に行政の悩みの種

　管理不全不動産の問題を論じる上では、義務者の捕捉という問題が決まって顔を出します。空き家条例や空家特措法をつくる上で、立法者の頭をいちばん悩ませたのは、空き家について権利をもつ者が誰なのか、いってみれば行政は誰を相手に空き家の修繕・撤去を働きかければ良いのかという、義務者の捕捉の問題でした。

　相手方が確知できなければ、行政処分を発出することは認められないというのが、確立した実務の取扱いです。つまり、危険などの原因を作出した者に対し、その原因を取り払うように義務を課し、その履行を確保するという前提が成り立たないのです。

　義務者の捕捉は、放置自転車条例や土砂災害防止条例など、多くの法律・条例で、立法者・行政当局の悩みの種になっています。たとえば、東日本大震災からの復興における高台移転事業では、地権

者が相続によって四散していたために、いかにして漏れなく連絡を取るかが大きな課題となりました。

▶関係のありそうな人間をすべて相手にする！

　1つの解決法は、関係のありそうな人間をすべて相手にしてしまうことです。建築基準法9条1項は、違反建築物の建築主、違反建築物に関する工事の請負人、現場管理者、敷地の所有者、管理者、占有者など、建築物に対して何らかの縁がある人間であれば「違反を是正するために必要な措置をとることを命ずることができる」（是正命令）としています。この条文からは、何が何でも違反建築物について是正命令を出してやるという立法者の執念が感じられます。

---

§　**建築基準法（昭和25年法律第201号）**

（違反建築物に対する措置）

第9条　特定行政庁は、建築基準法令の規定又はこの法律の規定に基づく許可に付した条件に違反した建築物又は建築物の敷地については、<u>当該建築物の建築主、当該建築物に関する工事の請負人（請負工事の下請人を含む。）若しくは現場管理者又は当該建築物若しくは建築物の敷地の所有者、管理者若しくは占有者</u>に対して、当該工事の施工の停止を命じ、又は、相当の猶予期限を付けて、当該建築物の除却、移転、改築、増築、修繕、模様替、使用禁止、使用制限その他これらの規定又は条件に対する違反を是正するために必要な措置をとることを命ずることができる。

2～15　略

▶空家特措法10条──固定資産情報の活用

　空家特措法が考えた解決策は、固定資産情報という行政の保有個人情報を活用するというものでした（同法10条1項）。経験則からいって、固定資産税を納めている者は、空き家の管理に最も利害関心を有していると考えられますから、適切な着眼点であったといえます。国の行政機関が保有個人情報を目的外に流用することを禁じた法律（現在の条文では、「個人情報の保護に関する法律」27条1項）の規制について、法令の根拠を置くことでクリアしたわけで、政策法務のお手本のような事例といってよいでしょう（なお、空家特措法10条1項のような規定を置かなくとも固定資産情報の目的外利用を行うことは認められるケースではなかったかという意見もあります）。

---

§　空家等対策の推進に関する特別措置法（平成26年法律第127号）

（空家等の所有者等に関する情報の利用等）

第10条　市町村長は、固定資産税の課税その他の事務のために利用する目的で保有する情報であって氏名その他の空家等の所有者等に関するものについては、この法律の施行のために必要な限度において、その保有に当たって特定された利用の目的以外の目的のために内部で利用することができる。

2・3　略

§　個人情報の保護に関する法律（平成15年法律第57号）

（第三者提供の制限）

第27条　個人情報取扱事業者は、次に掲げる場合を除くほか、あらかじめ本人の同意を得ないで、個人データを第三者に提供してはならない。

一　法令に基づく場合

二〜七　略

2〜6　略

▶相手は誰なのか不明だが原因を取り除く！

　ある意味で最も抜本的なのが、義務者不明のまま行政が危険の原因を取り除くという解決策です。２つの方法があり、略式代執行は、義務を課すべき相手方を過失なく確知できない場合に行政がその旨を公告した上で代執行を行い、事後的に相手方が判明した場合には費用徴収するという方法です（ただし、条例では略式代執行を採用することはできないという考え方も有力です）。即時強制は、義務の賦課を前提とせずに行政が公益上望ましい状態を直接つくり出すという方法です（詳細は、→151頁）。

▶局面に応じた解決法を

　義務者が捕捉できないのは、実務的には非常に悩ましい状況です。他方で、局面に応じた解決法を探ることの重要性も強調しておきたいと思います。というのは、太陽光パネルの場合、地盤が崩落したり、雑草が伸び放題になったりといった管理不全が生じると、発電効率が著しく低下することになるので、事業者としては、FITによる固定価格での買取りが保証されている期間内は、「金の卵を生むニワトリ」を大切に世話すると考えられるからです（また、太陽光パネルの設置・管理主体についても、容易に辿り着くことが可能でしょう）。最も心配しなければいけないのは、FITの保証期間が終了して、太陽光パネルを適正に管理するインセンティブが失われた後だと思われます。

　　＊　ごみ屋敷条例における義務者の捕捉
　初期に制定されたごみ屋敷条例には、空き家の場合と同様、義務者が捕捉できない局面に備えた規定が置かれていました。しかし、ごみ屋敷については、義務者の捕捉という問題はあまり現実

化しませんでした。ほとんどの場合、最大の原因を作り出している者は、実際にごみ屋敷に住んでいるからです。空き家をめぐる政策法務でいちばんの問題であった義務者の捕捉が、ごみ屋敷条例の場合には大きな問題とはならなかったわけです。

❸ 目的と基本理念（基本方針）

§ 山梨県太陽光発電施設の適正な設置及び維持管理に関する条例
（目的）
第1条 この条例は、地球温暖化の防止、山地災害の防止、生物の多様性の保全等に重要な役割を果たしている森林が県土の多くを占める本県において、太陽光発電事業の実施が自然環境、生活環境及び景観その他の地域環境に与える影響に鑑み、太陽光発電施設の設置、維持管理及び廃止に至る太陽光発電事業の全般について地域環境を保全し、又は災害の発生を防止する方法により適切に実施するよう必要な事項を定めることにより、地域と共生する太陽光発電事業の普及を図り、もって太陽光発電事業と地域環境との調和及び県民の安全で安心な生活の確保を図ることを目的とする。
（基本理念）
第3条 太陽光発電事業は、地域に根ざし、県民の安全で安心な生活と豊かな自然環境、生活環境及び景観その他の地域環境との調和を図りながら安定的に運営されるものでなければならない。

▶目的規定の意義

　近年の法律は、冒頭の第1条で目的を掲げることが多く、条例もその例外ではありません。目的を掲げた規定のことを、目的規定とよびます。目的規定は、立法の方針を示すものであり、1つの条文

でその条例の全体像が把握できるような書きぶりとすることが望ましいでしょう。とはいえ、目的規定に書かれていないからといって、個別の実体規定を解釈する上で、行政にとって何か悪い影響を及ぼすようなことはないので、あまり神経質になる必要はありません。

＊　行政事件訴訟法9条2項

　ただし、行政処分の取消訴訟の原告適格を基礎付ける「法律上の利益」が認められるかという厄介な解釈問題の中で、行政事件訴訟法9条2項は、処分の根拠法令の趣旨および目的ならびに当該処分において考慮されるべき利益の内容および性質を考慮するようにと定めています。具体的には、建築基準法1条の目的の中に「生命、健康」のみならず「財産」が掲げられていることから、問題となっているオフィスビルの周辺に建物を所有している者にも総合設計許可（同法59条の2）の取消訴訟の原告適格が認められるとした最判平成14年1月22日民集56巻1号46頁などがあります。

▶山梨県条例の目的規定

　山梨県条例1条を読むと、条例の目的が、「太陽光発電事業と地域環境との調和及び県民の安全で安心な生活の確保を図ること」であることが明確に規定されています。全般に修飾が多く、森林を伐採して太陽光発電事業を実施することが地域環境を悪化させて災害の発生を惹起する事態を招くことを危惧しているのは良くわかるのですが、もう少しシンプルに規定しても良かったようには感じます。

▶基本理念（基本方針）

　基本理念（条例によっては、「基本方針」とされます。）を定めることには、政策全体のめざす方向性を示す効果があります。とはいえ、

誰もが条例全体を読むことで大づかみに政策全体のめざす方向性が理解できるのならば、取り立てて基本理念を条例で明示する必要はありません（かなり思い切ったことを書いていますが、これは本当のことです）。

　もっとも、基本理念を条例に書き込むことで、行政の「やる気」を示し、政策をわかりやすく住民や社会に示す効果は認められるでしょう。この意味で、基本理念には、次で説明する責務規定と同じような効果があります。山梨県条例3条が、「太陽光発電事業は、地域に根ざし、県民の安全で安心な生活と豊かな自然環境、生活環境及び景観その他の地域環境との調和を図りながら安定的に運営されるものでなければならない。」と簡潔に定めたことは、政策をわかりやすく住民や社会に示す効果が認められると思います。

　言うまでもなく、条例を制定する前に議員に説明したり、できあがった条例の内容を住民に周知するときは、わかりやすく基本理念を掲げることが不可欠です。場合によっては、自治体の（他部局も含めた）職員に対して政策の方向を理解させるために、基本理念を示すという使い方もあるでしょう。その際に、「条例の第○条にかくかくしかじかの基本理念が定めてあるのだから、この方向でお願いします」とする方が説得しやすいと言うのならば、基本理念を条例で定める意義は認められます。

❹ 責務規定の意義

▶責務規定

　近年の法律・条例には、その冒頭で、「住民は、環境保護に努めなければならない」とか、「市は、住民と共に、子育てに対して責任を有する」というように、市、住民、事業者などに対して、それぞれが心がけておくべき内容を掲げることが珍しくありません。こ

のような内容を定めた規定を責務規定とよびます。山梨県条例では、第4条に責務規定が置かれています。

　また、第5条と第6条では、知事が市町村長や一般送配電事業者に対し「必要な協力を求めることができる」と定めていますが、これも市町村長や一般送配電事業者に対して条例の目的を達成する責務を課しているのと同様です。

---

§　山梨県太陽光発電施設の適正な設置及び維持管理に関する条例

（事業者の責務）

第4条　事業者は、関係法令の規定を遵守しなければならない。

2　事業者は、太陽光発電事業の実施に当たり、自然環境、生活環境及び景観その他の地域環境を保全し、又は災害の発生を防止するために必要な措置を講じなければならない。

3　事業者は、太陽光発電事業の実施に当たり、地域住民に十分な情報提供及び説明を行い、太陽光発電事業の実施について理解を求め、及び地域住民との良好な関係を築くよう努めなければならない。

（市町村との協力）

第5条　知事は、この条例の目的を達成するため必要があると認めるときは、事業区域の全部又は一部をその区域に含む市町村の長その他の関係市町村の長に対し、資料又は情報の提供その他の協力を求めることができる。

（関係機関の協力）

第6条　知事は、この条例の目的を達成するため必要があると認めるときは、一般送配電事業者（電気事業法（昭和39年法律第170号）第2条第1項第9号に規定する一般送配電事業者をいう。）その他関係機関に対し、必要な協力を求めることができる。

▶責務規定と具体的な権利・義務

条例の留保（→4頁）の説明のところで、住民に対して権利を制限し、義務を課すことは、条例でなければできないと述べました。ひょっとして、「義務を課す」といわれたとき、みなさんは、責務規定のことを思い浮かべたのではないでしょうか。責務について定めているのだから、義務を課しているのだろうと思う方が（法律を専門的に学んでいなければ）普通の感覚です。

しかし、法律学からは、一般に、こうした漠然とした責務を定めたところで、実体的な意味はほとんどなく、スローガン的なアピール機能をもつにとどまると理解されています。「実体的な意味がない」というのは、責務を守らない誰かに対して、罰則を背景に具体的な義務の履行を強制したり、行政が責務を果たしていないのは違法であるとして、損害賠償を請求したりする根拠にはできないということです。これが、責務規定と実体規定（→68頁）の大きな違いです。

「うちの子どもが病気になってしまったが、『市は親と共に健康な子育てに努めなければならない』と『子ども子育て基本条例』に書いてあるのだから、医療費を支払え。損害賠償も欲しい。」と主張されても困りますよね。山梨県条例4条3項でいえば、「事業者は、太陽光発電事業の実施に当たり、……地域住民との良好な関係を築くよう努めなければならない。」と定めていますが、地域住民との関係を悪化させた事業者に対して、県知事が地域住民と仲良くするようにという内容の具体的な措置命令を下す（それに従わない場合は処罰する）ことはできないということです。

「責務」は、その内容が一般的・抽象的であり、具体的な請求権や損害賠償責任を根拠付ける「義務」とは大きく異なります。こうしたこともあり、法律学は責務規定にほとんど関心を払ってきませ

んでした。実体規定との違いが紛らわしいので、むしろ責務規定は
置かない方が良いと考える法律家も少なくありません。概説書をひ
もといても、十分な説明がないのは、こうした事情のためです。

▶責務規定のメッセージ機能——政治的には重要

　他方で、住民や議会の議員は、責務規定に大きな関心をもってき
ました。責務規定には、住民や社会に対し政策上のメッセージを伝
える機能があるからです。一般的な責務規定よりはもう少し具体的
なのですが、やはり同じように、「〜するように努めなければなら
ない」と定めた努力義務の規定を例にみると、健康増進法25条に基
づいて公共施設や飲食店の受動喫煙禁止の動きが広がってきたこと
は見過ごせません。

> §　健康増進法（平成14年法律第103号）
> 第25条　学校、体育館、病院、劇場、観覧場、集会場、展示場、
> 　百貨店、事務所、官公庁施設、飲食店その他の多数の者が利用
> 　する施設を管理する者は、これらを利用する者について、受動
> 　喫煙（室内又はこれに準ずる環境において、他人のたばこの煙
> 　を吸わされることをいう。）を防止するために必要な措置を講
> 　ずるように努めなければならない。

　私などは、「健康増進法25条に基づき、当店では分煙を行うこと
にしました」などと掲示してあっても、「健康増進法25条は努力義
務の規定なので義務違反を追及しようがないし、罰則もないのだか
ら従わなくても構わないのに」などと感じます。しかし、健康増進
法25条という明文規定があることで、行政が受動喫煙禁止という政
策を推進するときの「錦の御旗」となるのです。行政が広報やチラ

シを通じて分煙をよびかける際に、「法律で受動喫煙は防止するように定められたのだから、協力してください」という手法をとりやすくするために、法律や条例の根拠があった方がよいという趣旨です。となると、実体的な意味はないにせよ、これまでのような法律学からの見方は、過小評価であったと思います。

☆努力義務

　努力義務とは、ある成果を達成することが法的に求められているのではなく、ある成果を達成すべく努力することが法的に求められている義務のことです。「行政庁は、処分基準を定め、かつ、これを公にしておくよう努めなければならない」（行政手続法12条1項）などと規定されているとき、「行政庁には、処分基準を設定・公表しておく努力義務がある」などと表現されます。ただし、努力義務の場合、結果として法律で示された内容を実現しなくても義務を果たしたことになるので、注意が必要です。結果に向けて努力したかどうかなど、証拠に基づき明らかにすることはまず無理だからです。類似の概念として、考慮義務（行政手続法42条）とか尊重義務（助言と比較したときの勧告の効果→92頁）というのがあります。この説明を読んで、「じゃあ、やはり努力義務には意味がないんだな」と思うか、「努力義務といっても意味があるんだな」と感じるかで、受け取る方の性格がわかるような気もします。

▶この本の立場

　責務規定については、①実体規定とは異なり、具体的な義務を課す機能はないということ、しかし、②住民や社会の意識変革を促すためには、やはり無味乾燥な実体規定だけでは不十分であるということを押さえましょう。行政と住民がそれぞれの役割を自覚し、課

題の解決にむけて主体的に取り組む「姿勢」を示す意味で、責務規定の意義を見過ごすことはできません。ただし、責務規定のこのような性格から、その文言は、政治的な調整によって定めることが望ましく、法律家がどうこうアドバイスするような話ではありません。そこで、この本では責務規定についてはこれ以上ふれないこととします。

第3節　用語の定義

❶ 定義規定

　条例においては、組織的な運用上の誤解を少なくし、さらには規制の対象者と話を通じやすくするために、用語について定義規定が置かれます。太陽光パネル条例においては、規制の対象とする「太陽光発電施設」をいかに定義するかが最初の難問になります。

　当初の山梨県条例の定義は、「太陽光を電気に変換する施設……であって、発電出力が10キロワット以上のもの」というものでした。「太陽光を電気に変換する施設」という部分で、建築物の屋上に設置されるものを除いて、およそ太陽電池すべてを対象とすると非常に幅広く把握した上で、「発電出力10キロワット以上」とすることで、規制対象を絞り込んでいたわけです（なお、その後に行われた改正により、「発電出力が10キロワット以上のもの」という部分は削除されました）。

　比較的初期の条例は、由布市条例3条1号のように、規制対象を「再生可能エネルギー発電設備事業」と名付けた上で、「電気事業者による再生可能エネルギー電気の調達に関する特別措置法（平成23年法律第108号）第2条第3項に規定する設備……の設置を行う事業をいう」と定めるものが多かったように見受けられます。再エネ特措法2条3項では、「再生可能エネルギー発電設備」とは、「再生可能エネルギー源を電気に変換する設備及びその附属設備をいう」と定義していますので、太陽光発電のみならず、風力、水力、地熱、バイオマスを利用する発電も含まれることが分かります（那須塩原市条例2条1号などは、太陽光に限定しています）。また、出力につい

ては、別途、由布市条例7条1項で、「この条例の規定は、事業区域の面積が5,000平方メートルを超える事業に適用する。」として絞り込んでいます。

---

§　山梨県太陽光発電施設の適正な設置及び維持管理に関する条例

（定義）

第2条　この条例において、次の各号に掲げる用語の意義は、当該各号に定めるところによる。

一　太陽光発電施設　太陽光を電気に変換する施設（建築基準法（昭和25年法律第201号）第2条第1号に規定する建築物に設置されるものを除く。）〔であって、発電出力が10キロワット以上のもの〕をいう。

二　太陽光発電施設の設置　太陽光発電施設の新設及び増設（これらの行為に伴う木竹の伐採及び土地の形質の変更を含む。）をいう。

三　太陽光発電事業　太陽光発電施設の設置をし、電気を得る事業をいう。

四　事業区域　太陽光発電事業の用に供する土地の区域をいう。

五　事業者　太陽光発電事業を実施する者をいう。

※〔　〕内は、令和4年3月の条例改正によって削除されました。

＊　太陽光パネルと「太陽光発電施設」

この本では、「太陽光発電施設」という言葉を、山梨県条例など法令（条例）用語として用いる場合に限って使っています。一般的な用語としては、太陽光パネルという言葉を使っていますので、注意してください。

---

❷ 「建築物等」について

▶法概念の借用

　法概念は厳密に定義しなければいけませんので、条例で一から定義を行うのは容易ではありません。そこで条例においては、可能な限り、一般的に用いられている法概念を流用するのが通常です。これを、法概念の借用とよびます。たとえば、山梨県条例2条1号の「建築物等」は、最も一般的に用いられている建築基準法2条1号の定義をそのまま用いています。「土地に定着する工作物のうち、屋根及び柱若しくは壁を有するもの」という建築物の定義は、どこかで聞いたことがあるのではないでしょうか。

---

§　**建築基準法**（昭和25年法律第201号）

（用語の定義）

第2条　この法律において次の各号に掲げる用語の意義は、それぞれ当該各号に定めるところによる。

一　建築物　土地に定着する工作物のうち、屋根及び柱若しくは壁を有するもの（これに類する構造のものを含む。）、これに附属する門若しくは塀、観覧のための工作物又は地下若しくは高架の工作物内に設ける事務所、店舗、興行場、倉庫その他これらに類する施設……をいい、建築設備を含むものとする。

二～三十五　略

▶同じ言葉を異なる意味で使わないように……

　行政代執行法1条と2条の「法律」でもふれますが（→117頁）、同じ言葉を違う意味で用いると、無用な混乱を招くことがあるので、

避けるのが原則です。民法と刑法で「正当防衛」（民法720条1項、刑法36条）と「緊急避難」（民法720条2項、刑法37条）の意味が異なることや、道路法、道路交通法、建築基準法で「道路」（道路法2条1項、道路交通法2条1項1号、建築基準法42条1項）の意味が異なることなどは有名ですが、これは大昔にできたメジャーな法律だから許されるのであって、地域ごとに定める条例ではやめておきましょう。

❸ 「設置規制区域」について

山梨県条例において重要な位置を占めているのが、「設置規制区域」という概念です。何しろ、この条例の制定によって、設置規制区域においては、無許可で太陽光発電施設の設置をすることが禁じられることになったのです。その意味では実体規定なのですが、重要なのは、設置規制区域を設定する上で、山梨県条例7条各号が、他の法律の概念をフルに用いていることです。すなわち、「地すべり等防止法……第3条第1項の地すべり防止区域」、「急傾斜地の崩壊による災害の防止に関する法律……第3条第1項の急傾斜地崩壊危険区域」といった具合です。こうした立法技術は、斜面崩落タイプの危険を防止するために太陽光発電施設の設置を規制しようとする場合において、設置を規制すべき斜面を一から条例で定義することを省くためのやり方といえます。

> **§　山梨県太陽光発電施設の適正な設置及び維持管理に関する条例**
> （設置規制区域）
> 第7条　事業者は、次に掲げる区域（以下「設置規制区域」という。）においては、太陽光発電施設の設置をしてはならない。ただし、あらかじめ知事の許可（以下「設置許可」という。）

を受けた場合は、この限りでない。

一　森林法（昭和26年法律第249号）第２条第３項に規定する
　国有林の区域及び同法第５条第１項の地域森林計画の対象と
　なっている民有林の区域並びに当該区域に準ずるものとして
　災害の発生を防止する見地から規則で定める区域

二　地すべり等防止法（昭和33年法律第30号）第３条第１項の
　地すべり防止区域

三　急傾斜地の崩壊による災害の防止に関する法律（昭和44年
　法律第57号）第３条第１項の急傾斜地崩壊危険区域

四　土砂災害警戒区域等における土砂災害防止対策の推進に関
　する法律（平成12年法律第57号）第７条第１項の土砂災害警
　戒区域及び同法第９条第１項の土砂災害特別警戒区域

五　山梨県砂防指定地管理条例（平成15年山梨県条例第７号）
　第２条に規定する砂防指定地の区域

　他方で、高崎市条例８条・９条のように、市長が告示によって特
別保全地区を指定するという方法も考えられます。

§　高崎市自然環境、景観等と再生可能エネルギー発電設備設置
　事業との調和に関する条例（平成27年条例第32号）

（特別保全地区）

第８条　市長は、自然環境、景観等と再生可能エネルギー発電設
　備の設置との調和が特に必要な地区を特別保全地区として指定
　するものとする。

（特別保全地区の指定）

第９条　前条に規定する特別保全地区は、次のとおりとする。

(1)　観音山地区　城山町一丁目及び城山町二丁目の全部並びに
　　石原町、寺尾町、乗附町、根小屋町、鼻高町及び山名町の各

> 一部で市長が指定する地区
> (2)　榛名湖周辺地区　榛名湖町、榛名山町、箕郷町柏木沢、箕
> 　　　郷町中野、箕郷町松之沢及び宮沢町の各一部で市長が指定す
> 　　　る地区
> (3)　箕郷梅林地区　箕郷町善地及び箕郷町富岡の各一部で市長
> 　　　が指定する地区
> (4)　前各号に掲げるもののほか、次のアからオまでに掲げる地
> 　　　区のいずれかに該当するものとして市長が指定する地区
> 　　　ア〜オ　略
> 2　略
> 3　市長は、第1項各号に規定する地区の指定を行ったときは、
> 　規則で定めるところにより、その旨を告示するものとする。こ
> 　の場合において、当該指定は、当該告示によってその効力を生
> 　じるものとする。

❹ 条例の中での定義

　条例の冒頭には「用語の定義」として定義規定が置かれることが通常ですが、条例を読み進めていく中で「かっこ書」などを用いて定義規定が現れることも少なくありません。附則2条に現れる「既存施設」などがその例です。「既存施設」とは、「この条例の施行の日前に設置の工事に着手した太陽光発電施設」のことを意味するのですが、この既存施設に対しても、「規制の網」で幅広く捕捉しようとした点が、山梨県条例の大きな特徴です。定義規定について必ず冒頭に置かなければならない決まりはありませんが、頻出する用語の場合はなるべく冒頭で定義しておくのが親切でしょう。

＊「ごみ」の定義

　ごみ屋敷条例においては、何よりも先に、処理すべき「ごみ」の定義を行うことが重要なように思われます。比較的初期の「足立区生活環境の保全に関する条例」２条２号では、廃棄物処理法２条１項にいう「廃棄物」概念を借用していました。けれども、これが思いもしない問題を生みました。

　というのも、「廃棄物」とは、所有者にとって"要らなくなったもの"を念頭に置いているからです。しかし、ごみ屋敷の中にひしめいているのは、必ずしも所有者にとって"要らなくなったもの"ばかりではありません。むしろ、その人の認識では、"要らなくなったもの"を家の中に運び込んでいるのではなく、自身の大事なコレクションを充実させる目的で、（第三者の客観的な目から見れば不要なもの以外の何物でもない物を）"必要なもの"として運び込んでいるからこそ、実に厄介なのです。こうした収集癖をもつ人の家を整理しようとして、「俺の大切な財物であり、これらは廃棄物ではない」と主張されてしまえば、扱いに困ります。

　そこで、足立区では、所有権を放棄していないものであっても（＝「廃棄物」に当てはまらないものであっても）、客観的価値などからみて処分した方が適切と思われるものであれば、総合判断により処分の可否を決める運用としたそうです。しかし、そうだとすれば、取り立てて「廃棄物」という概念を用いる必要はありません。こうした経験をふまえて、後発自治体のごみ屋敷条例では、「廃棄物」という概念を避けて、単に「物の堆積」などと規定することが一般的です。先進自治体の先例・類例を参考にする増分主義モデルの利点が存分にあらわれた事例といえるでしょう。

第4節　目的を実現するために必要な規定について理解しよう

❶ 行政処分──住民の権利を制限し、義務を課すための手段

▶行政上の義務いろいろ

　わたしたちは、日常生活を送る上で、実に多くの法的義務を負っています。法学部の授業で教えられるのは、物を買ったら代金を支払わなければいけないというような民事上の義務──そのほとんどは契約責任です──と物を盗んではいけないというような刑事上の義務ばかりですが、実は、その大半は行政上の義務です。行政上の義務は、不作為義務と作為義務に分けることができ、作為義務はさらに他人が代わりに行うことのできる代替的作為義務と他人では代わりに行うことができない非代替的作為義務に分かれます。

　たとえば、都道府県知事（政令指定都市の長や保健所長であることもあります。）の許可を得ずに勝手に食堂を開店して営業すると、処罰されます（不作為義務）。また、建築規制に違反した建物を建てると、特定行政庁から除却命令を課せられます（代替的作為義務）。このほか、健康診断を受ける義務や退去命令に応じる義務などというものもあり得ます（非代替的作為義務）。

≪行政上の義務≫

- 不作為義務　してはならない義務のこと。無許可で食堂を営業しない義務、無免許運転をしない義務、特定の施設を利用しない義務。
- 代替的作為義務　しなければならない義務のうち、他人が代わりに行うことのできる義務のこと。違法建築物を除却する義

務、違法駐車の車を移動する義務。

・ 非代替的作為義務 しなければならない義務のうち、他人が代わりに行うことのできない義務のこと。健康診断を受ける義務、退去する義務。

▶義務が条例によって直接に課せられる場合／行政処分を通じて課せられる場合

行政上の義務は、違法駐車をしない義務のように、法律により直接に課せられている場合もあれば、建物を取り壊す義務（除却命令により課せられる）や、営業をしてはならない義務（営業停止命令により課せられる）のように、行政処分により課せられる場合もあります。

* 義務を課する局面と義務の履行を確保する局面での「条例の留保」

この本の冒頭でも説明したように、住民に対し、その意思に反してでも義務に従わせるように強制できるのは、行政権だけに付与された権限です。だからこそ、その権限が濫用されないように、議会のつくった法律・条例を通じて、権限行使の可能な局面を限定する必要があります。これが、「法律の留保」「条例の留保」の原則です（→4頁）。となると、理屈の上では、義務を課する局面だけ条例（法律）の根拠があれば十分であるようにも思えますが、現在は、義務を課する局面と義務の履行を確保する局面のそれぞれで条例の根拠が必要であるとされています。これから説明するように、義務の履行確保には実力行使が伴いますので、慎重な権限の行使を求めるという趣旨に理解すると良いでしょう。

> ＊　義務の履行の確保（実効性の確保）
> 　義務の履行をいかにして確保するかという問題は、ある程度体系的に理解しないとわかりにくい面があるので、この本では独立の章を設けて解説することにしました（→第３章）。相互参照しながら理解を深めてください。

▶実体規定こそ条例の核心である

　住民に対して、その権利を具体的に制限したり、義務を課したりするこうした規定のことを、**実体規定**とよびます。条例によって直接に権利制限・義務賦課を行っている場合もあれば、条例に置かれているのは権利制限・義務賦課を行う行政処分の根拠規定である場合もあります。いずれも、実体規定です。

　一般に、行政処分の根拠規定である実体規定の構造は、

> **「行政庁は、　A　のときは、　B　をしなければならない。」**

となっています。このときの　A　を**要件**規定、　B　を**効果**規定とよびます。行政庁は、法律によって、　A　という条件が満たされたときには、　B　を行うことが義務付けられる（場合によっては、　B　をすることが許される）という意味です。

　すでにお気付きのように、実体規定は条例でなければ置くことができません。つまり、実体規定によって住民の具体的な権利を制限したり、義務を賦課することを根拠付けることにこそ、政策条例を制定する最大の意味があるわけです。したがって、実体規定こそ条例の核心であるといっても過言ではないでしょう。

　そして、みなさんが法律や条例を読み解く際のコツをお伝えすると、実体規定を最初に探し出して、残りの規定と実体規定との関係を探り出すのが、その法律・条例を効率的に理解するための一番の

近道です。山梨県条例でいえば、設置規制区域における太陽光発電施設の設置を一般的に禁止した７条、設置許可・変更許可の要件を定めた11条と12条、許可の取消しについて定めた13条、措置命令の根拠規定である25条（その関連で維持管理義務について規定する18条）です。その上で、実効性確保について定めた条項である制裁的公表の26条と罰則規定の29条を押さえれば、大部分を理解したことになります。

❷ 許可制の構造

▶規制の網をかぶせる──許可制と届出制

　許可とは、本来私人に備わっている自由を申請を契機として取り戻す行為であり、「一般禁止の特定解除」などと言われます。食品衛生法上の飲食店の営業許可の事例でいえば、もともと人にはラーメン屋やケーキ店を開く本来的な自由が備わっているのですが、好き放題に飲食店の営業を許すと衛生管理が不十分となり、食中毒事件が発生して多くの人の生命・健康が危険に晒されます。事後的に被害者から店舗に対し損害賠償請求を行うことはできますが、一度失われた生命や健康は容易に取り戻せるものではありません。そこで、まずは行政の権限ですべての人に対して一般的に飲食店の営業を禁止しておき、その設備などが衛生管理の要件を満たす者に対してのみ、禁止を解除すると考えるのです。

　こうした許可制を採用する例は数多く、飲食店の営業許可のほか、都市計画法上の開発許可、道路交通法上の自動車運転免許など、様々なものがあります。建築基準法上の建築確認のように、実定法では「同意」や「確認」といったソフトな印象を与える用語が使われていても、法令上、行政にとって「同意」や「確認」を拒否し得るような場合には、許可制と違いはありません。許可、同意、確認

（承認）のいずれも、法的性質は行政処分に分類されます。「登録」については、行政にとって登録の申請を拒否する選択肢が与えられているときは許可制ですが、登録の申出をそのまま受け入れる以外に選択肢がないときは届出制（後述）が採られていると考えられます。

　許可制は、措置命令との関係では、あらかじめ特定の商売を行っている人に申請を行わせ、誰がその商売を行っているのかリストを作って把握する（＝「規制の網」をかぶせる）手法の1つとして位置付けられます。その意味では、何も許可制ではなく、**届出制**のように、その商売を行うにあたり行政の許可を得るというハードルは不要だけれども（行政に拒否権はない）、無届出で商売をした場合にはペナルティを付与するという規制手法も一般的です。とりわけ規制緩和が進んだ現在、条例レベルでは許可制を採用することが躊躇されて、行政に対して届出さえ行えば、適法に営業をすることが認められるという届出制の手法が好まれるようです。

　許可制にせよ届出制にせよ、事業者に対して「規制の網」をかぶせて、あらかじめ対処が必要になりそうな相手方（義務者となり得る予備軍）を行政の方で把握しておく手法として、広く採用されています。

▶設置許可の申請

　条例で正面から許可制を採用する例はそれほど多くはありません。太陽光パネル条例においても、最も初期の由布市条例では、行政指導によって事業者の協力を得るという手段に留まっていました。その後、高崎市条例を契機として、許可制を採用する事例が広まってきました。

§　**山梨県太陽光発電施設の適正な設置及び維持管理に関する条例**
（設置許可の申請）
第8条　設置規制区域内に太陽光発電施設の設置をしようとする
　者は、規則で定めるところにより、あらかじめ、次に掲げる事
　項を記載した申請書に、必要な図面等を添付して、知事に提出
　しなければならない。
　一　氏名又は名称及び住所並びに法人にあっては、その代表者
　　の氏名
　二　太陽光発電施設の設置の場所
　三　事業区域の位置及び面積
　四　太陽光発電施設の出力
　五　太陽光発電事業の内容及び実施予定期間
　六　太陽光発電施設の設置計画に関する事項
　七　太陽光発電施設の構造に関する事項
　八　環境及び景観に及ぼす影響の評価に関する事項
　九　第10条第1項の規定による地域住民等への説明等の状況に
　　関する事項
　十　その他規則で定める事項

　申請書に記載すべき事項を一覧すると、氏名・住所（山梨県条例
8条1号）、施設の設置場所（同条2号）、事業区域の位置・面積（同
条3号）、出力（同条4号）、事業内容・実施予定期間（同条5号）な
ど、いかなる太陽光発電施設が、誰によって、いかなる規模・期間
で発電事業を行うのかについて行政庁が遺漏なく把握するための内
容であることが分かると思います。

▶環境影響評価
　特定の施設を設置する前に、その施設が稼働することで環境にい

71

かなる影響を与えるかについて調査、予測および評価を行うことを、環境影響評価（環境アセスメント）とよびます。環境影響評価については、①各自治体の環境影響評価条例において正面からその対象事業へと含めるやり方（長野県、神戸市、福岡市など）、②「電気工作物の新設」に含めるなどして環境影響評価手続の対象とするやり方（さいたま市、川崎市、名古屋市など）、③「開発行為」や「工業団地の造成」など面開発の一種として対象に含めるやり方（福島県、大分県など）があります。

> **§　山梨県太陽光発電施設の適正な設置及び維持管理に関する条例**
> （環境及び景観に及ぼす影響の評価等）
> 第9条　設置許可の申請を行おうとする者（以下「設置許可申請者」という。）は、あらかじめ、当該申請に係る太陽光発電施設の設置が環境及び景観に及ぼす影響について、規則で定めるところにより、環境及び景観の構成要素に係る項目ごとに調査、予測及び評価を行うとともに、これらを行う過程において環境及び景観の保全のための措置を検討し、当該措置が講じられた場合における環境及び景観に及ぼす影響を総合的に評価しなければならない。

　山梨県の場合は、④太陽光パネル条例を制定して、その設置許可申請の過程で環境影響評価を義務付けるというやり方を採用しました。

▶地域住民等への説明等

　山梨県条例は、太陽光発電施設の設置許可について、地域住民等など、申請者以外の者の利害を考慮すべきことをその許可要件とし

て定めています。その上で、山梨県行政手続条例10条（規定内容は
行政手続法10条と同じです。）の規定を確認し、具体化する趣旨で、
申請者に対し、地域住民等に対する事業説明会を開催してその理解
が得られるよう努力義務を課すとともに（山梨県条例10条１項）、事
業計画の標識の設置義務（同条２項）、地域住民等の意見を反映さ
せる努力義務（同条３項）について定めています。

---

§　山梨県太陽光発電施設の適正な設置及び維持管理に関する条例

（地域住民等への説明等）

第10条　設置許可申請者は、あらかじめ、規則で定めるところに
　　より、事業区域の全部又は一部をその区域に含む地縁による団
　　体……の区域に居住する者その他の規則で定める者（以下「地
　　域住民等」という。）に対し、設置許可の申請に係る太陽光発
　　電事業の説明会を開催し、当該太陽光発電事業の計画（以下
　　「事業計画」という。）の内容を説明しなければならない。この
　　場合において、設置許可申請者は、地域住民等の理解が得られ
　　るよう努めなければならない。

２　設置許可申請者は、事業計画の周知を図るため、規則で定め
　　るところにより、事業区域内の公衆の見やすい場所に標識を設
　　置しなければならない。

３　設置許可申請者は、地域住民等の意見を踏まえ、必要な措置
　　を講ずるよう努めなければならない。

　＊　同意条項の帰趨

　職員研修などで「まちづくり条例」の素案を作成してもらうと、
結構な割合で現れるのが、地域住民の同意を許可要件に盛り込む
という「同意条項」です。同意条項は実務上も時折見かけること
がありますが、申請を拒否された事業者から裁判で争われた場合、

ほぼ違法・無効という判断が下されると考えた方が良いでしょう。

　というのも、事業者にも憲法22条1項によって経済活動の自由（営業の自由）が保障されている以上、施設の設置を拒否することができるのは、それを上回る「公共の福祉」が存在する場合に限られるからです。廃棄物処理施設の設置許可でいえば、施設から汚水が流出し、付近住民の健康被害を防ぐ手立てがない場合であれば、営業の自由よりも「公共の福祉」が上回るといえますが、単に地域住民が施設の設置に反対しているという事情だけでは、営業の自由を上回る「公共の福祉」の存在は根拠付けられません。

　多くの場合は、地域住民が施設の設置に反対するのは汚染水の流出をおそれるためですから、地域住民が同意するということは汚染水の流出の危険がなくなったということと一定の相関関係は認められるでしょう。しかし、即断は禁物です。客観的に汚染水の流出の危険がなくなったとしても納得できない住民は反対するでしょうし、全く逆に、汚染水が流出するとしても施設の設置に同意する住民というのも存在し得るからです。

　現実的にみて、施設設置の最大の障壁が住民同意であることは間違いありません。しかし、住民同意と公共の福祉の確保を安易に結び付けるのは早計です。極端な話をすると、事業者が（費用対効果に見合わないレベルの）巨額の資金をバラまけば、汚染水の流出という問題が解決していないとしても、多くの地域住民は施設の設置に同意するでしょう。当地に住めなくなったとしても、買収費用を原資に転居すれば良いのです。

　このように、事業者に対し住民同意を求めるのはあくまでも任意の行政指導レベルの話であって、許可要件（＝付近住民の拒否権）にまで結び付けると、違法という評価を免れないことになります。この意味で、山梨県条例10条1項が事業者の義務を地域住民に対する説明義務にとどめたことは適切な判断です。

▶設置許可の基準等

　太陽光発電施設の設置について、許可要件を定めたのが山梨県条例11条です。端的にいえば、この条例の中で最も重要な条文のうちのベスト３に入る条文です。

---

§　**山梨県太陽光発電施設の適正な設置及び維持管理に関する条例**
（設置許可の基準等）
第11条　知事は、第８条の規定により設置許可の申請書の提出があった場合は、当該申請書に係る太陽光発電施設が次のいずれにも該当すると認められるときに限り、設置許可をすることができる。
一　当該設置許可の申請書に係る事業区域に第７条第１号に掲げる区域が含まれる場合は、次のいずれにも該当すると認められること。
　　イ　当該申請書に係る太陽光発電施設を設置する森林の現に有する土地に関する災害の防止の機能からみて、当該太陽光発電施設の設置により当該森林の周辺の地域において、土砂の流出又は崩壊その他の災害（以下「土砂災害等」という。）を発生させるおそれがないこと。
　　ロ　当該申請書に係る太陽光発電施設を設置する森林の現に有する水害の防止の機能からみて、当該太陽光発電施設の設置により当該機能に依存する地域における水害を発生させるおそれがないこと。
　　ハ　当該申請書に係る太陽光発電施設を設置する森林の現に有する水源の涵養の機能からみて、当該太陽光発電施設の設置により当該機能に依存する地域における水の確保に著しい支障を及ぼすおそれがないこと。
　　ニ　当該申請書に係る太陽光発電施設を設置する森林の現に

　　　　有する環境の保全の機能からみて、当該太陽光発電施設の
　　　　設置により当該森林の周辺の地域における環境を著しく悪
　　　　化させるおそれがないこと。
　　二　事業区域に第7条第2号、第3号及び第5号に掲げる区域
　　　　のいずれかが含まれる場合は、当該申請書に係る太陽光発電
　　　　施設の設置により、当該太陽光発電施設の周辺の地域におい
　　　　て想定される土砂災害等の発生を助長するおそれがないこと
　　　　が明らかであると認められること。
　　三　事業区域に第7条第4号に掲げる区域が含まれる場合は、
　　　　次のいずれかを満たすと認められること。
　　　　イ　設置規制区域において想定される土砂災害等による当該
　　　　　　申請書に係る太陽光発電施設の損壊のおそれがないことが
　　　　　　明らかであること。
　　　　ロ　設置規制区域において想定される土砂災害等による当該
　　　　　　申請書に係る太陽光発電施設の損壊が生じた場合であって
　　　　　　も、人的被害、建物若しくは工作物の被害又は交通の遮断
　　　　　　のおそれがないことが明らかであること。
　　四　前三号に定めるもののほか、関係法令の規定に違反しない
　　　　こと。
　2　知事は、設置許可をしようとするときは、当該設置許可に係
　　る事業区域の全部又は一部をその区域に含む市町村の長その他
　　の関係市町村の長から意見を聴き、その意見を尊重しなければ
　　ならない。
　3　知事は、設置許可には、自然環境、生活環境及び景観その他
　　の地域環境の保全上及び災害発生の防止上必要な限度において
　　条件を付することができる。
　4　略
　5　設置規制区域外の事業区域の全部又は一部が、設置規制区域
　　が変更されたことにより、設置規制区域内にあることとなった

> ときは、規則で定めるところにより、その旨を知事に届け出な
> ければならない。
> 6　設置許可……は、設置規制区域が変更されたことにより設置
> 許可に係る事業区域の全部が設置規制区域外にあることとなっ
> たときは、その効力を失う。この場合において、当該設置許可
> に係る太陽光発電施設について第14条第１項の規定による届出
> ……があったものとみなす。
> 7　知事は、設置許可をしたときは、その旨を公表するものとす
> る。

　山梨県条例11条１項各号は、７条各号に対応しています。対応関
係を簡単にまとめると、以下のようになります。地すべり防止区域
（７条２号）、急傾斜地崩壊危険区域（同条３号）、および砂防指定地
区域（同条５号）について許可要件を定めた11条１項２号と、土砂
災害警戒区域等（７条４号）について許可要件を定めた11条１項３
号とで取扱いが異なるのは、前三者は「当該区域が災害を惹起しそ
うな場合」に指定される区域であるのに対して、後者は「当該区域
が土砂災害によって被害を受けるおそれがある場合」に指定される
区域であるという違いのためです。

7条	11条	備考
①森林法上の国有林区域、地域森林計画の対象である民有林区域など	❶土砂災害等の発生、水害の発生、水の確保の著しい支障、環境保全の著しい悪化のおそれがないこと	
②地すべり等防止法上の地すべり防止区域	❷周辺地域において土砂災害等の発生を助長させるおそれがないことが明らかであると認められること	②の区域は、いずれも当該区域が災害を惹起しそうな場合に指定される。
③急傾斜地法上の急傾斜地崩壊危険区域		
⑤山梨県砂防指定地管理条例上の砂防指定地区域		
④土砂災害防止法上の土砂災害警戒区域・土砂災害特別警戒区域	❸設置規制区域において土砂災害等による太陽光発電施設の損壊のおそれがないことが明らかであること。仮に損壊が生じた場合でも、人的被害等のおそれがないことが明らかであること。	④の区域は、土砂災害によって被害を受けるおそれのある場合に指定される。

　なお、「知事は、……認められるときに限り、設置許可をすることができる」という規定ですので、条文上、知事には、設置許可をするか否かについて、要件裁量も効果裁量も認められています。したがって、同条例11条1項各号の要件を充たす場合であっても、知事は必ず許可をするよう覊束（きそく）されるわけではなく、設置許可をしない場合があり得ることになります（→裁量について理解するには、板垣勝彦『公務員をめざす人に贈る行政法教科書』法律文化社（2018）19頁以下を参照してください）。

　こうした裁量を適切に行使するためには、山梨県条例11条1項各号の基準だけでは足りず、さらに、詳細な審査基準が必要になります。山梨県が令和3年9月に公表した「太陽光発電施設設置許可の

手引き」では、同条例7条各号のそれぞれに対応した具体的な計算式や数値を含めた技術基準が記載されています。

　山梨県条例11条3項は、知事は、設置許可を出すに当たり、「自然環境、生活環境及び景観その他の地域環境の保全上及び災害発生の防止上必要な限度において条件を付することができる」とする規定です。こうした規定のことを、講学上は「附款」とよびます。附款として一般的にみられるのは、許可に際して5年間の有効期間を付けるといった「期限」です。これに対し、山梨県条例11条の附款は、許可に際して一定の義務を加えるものであり、「負担」として分類されます。運用上は、あくまでも、環境保全・災害防止のために「必要な限度において」認められるものであることに注意しましょう。

　ところで、山梨県条例11条7項は、設置許可を行った場合の公表について定めていますが、これは制裁的公表（→142頁）とは異なり、太陽光発電施設が設置された旨（周囲に注意喚起を促す旨）を世の中に知らしめるための公表であり、広い意味では情報提供目的の公表ということができます。

▶変更許可

　太陽光発電施設に限らず、建築物や工作物については、当初の申請書から一言一句変わらずに設置がなされることはむしろ珍しく、何らかの変更を伴うことが通常です。あまりに当初の申請書からの変更を無制約に認めれば、規制の潜脱につながりますので、この手の法律・条例では、山梨県条例12条1項のように、変更の際にあらためて何らかのハードルを設ける例が珍しくありません。むろん、軽微な変更については許可は不要とされ、届出で足ります（同条1項ただし書・3項）。実務的には、どの程度までが「軽微な変更」に

該当するのかが争いになります。

> **§　山梨県太陽光発電施設の適正な設置及び維持管理に関する条例**
>
> （変更の許可）
>
> 第12条　設置許可を受けた者は、第8条各号に掲げる事項を変更しようとするときは、あらかじめ、知事の許可（以下「変更許可」という。）を受けなければならない。ただし、規則で定める軽微な変更については、この限りでない。
>
> 2　第8条から前条までの規定（第11条第4項を除く。）は、変更許可について準用する。
>
> 3　設置許可を受けた者は、第1項ただし書の規則で定める軽微な変更をしたときは、規則で定めるところにより、遅滞なく、その旨を知事に届け出なければならない。
>
> 4・5　略

　山梨県条例で注目されるのは、既存施設であっても、条例施行日以降に変更に係る工事に着手する場合には変更許可を要することを規定した点です（附則3条）。既存施設の事業者の場合、山梨県条例12条1項にいう「設置許可を受けた者」には該当しないので、同項の変更許可の規定はそのままでは適用されないのですが、この十数年間の「太陽光バブル」に乗じて設置された既存施設についても、可能な限り山梨県条例の趣旨を及ぼそうという意図であり、高く評価することができます（→後述）。

▶事前手続への留意

①　事前手続の意義

　行政処分は罰則付きの強力な手段であるため、許可にすべきとこ

ろを誤って不許可にしたりすると、取り返しのつかない損害となることがあります。誤発出による権利侵害を防ぐために重要なのが、適正な事前手続をふむことです。

　事前手続については、すでに各自治体の行政手続条例で規定されているため、新たに条例の中で規定する必要はありませんが、申請に対する処分を行う場合には、具体的にどのような事前手続を行うことが求められるのかについて、行政手続法を例に、簡単に確認しておきましょう。

　なお、山梨県条例に基づいて発せられる行政処分については、山梨県行政手続条例が適用されることになりますが（行政手続法3条3項、山梨県行政手続条例2条3号）、行政処分に関する限り、行政手続法と規定内容はほぼ同じですので、以下では、全国の皆さんにとってわかりやすいように、行政手続法の条文で説明します。

② 　許可は申請に対する処分に分類される

　許可、同意、確認（承認）のように、申請（行政手続法2条3号）に応ずる形で行政庁が行う処分のことを、**申請に対する処分**とよびます。許可要件を満たしていないときは、不許可処分（拒否処分とも）が下されます。

③ 　審査基準の設定・公表

　行政庁が申請に対する処分を下す場合には、あらかじめ、許認可をするかどうかを法令の定めに従って判断するための内部基準（審査基準）を設定・公表しておく義務が課せられています（行政手続法5条1項・3項）。基準を明確にすることで、事案ごとに恣意的な判断がなされることを防ぐとともに、申請者の予測可能性を保障するという趣旨です。

④ 　標準処理期間の設定

　申請者に対し今後の見通しをつけてもらうために、行政庁は、申

請がその事務所に到達してから応答をするために通常要すべき標準的な期間（標準処理期間）を設定・公表するよう努力義務が課せられています（行政手続法6条）。

⑤　申請への応答

　行政庁は、申請がその事務所に到達したときは、遅滞なく当該申請の審査を開始しなければなりません（行政手続法7条）。申請書の記載事項の不備など、形式上の要件に適合しない場合には補正を求めることができますが、逆にいえば形式上の要件を充足する申請については「受理しない」（不受理）という扱いをしたり返戻したりすることは許されないということです。

⑥　理由の提示

　行政庁が申請に対する拒否処分をする場合には、同時に当該処分の理由を示す必要があります（行政手続法8条1項）。これらの処分を書面でするときには、その中で理由も示さなければなりません（同法8条2項）。理由の提示が要求される趣旨は、①処分の相手方にとっての不服申立ての便宜のほかに、②行政庁の恣意的な判断を抑制するためです。理由の提示は、単に処分の根拠条文を示すだけでは足りず、相手方が理由として示された記載それ自体から、なぜ自分が当該処分を下されたのか理解できなければ不十分であると判断されます。判例は理由の提示の不備について厳しい態度を示しており、理由の提示が十分でない場合には、処分そのものについても重大な違法があるとして取り消す傾向にあるので、理由の提示を侮ってはいけません。

⑦　審議会への諮問・答申

　条例によっては、許可を出す前の手続として、審議会に諮問した上でその答申を得ることを求めている場合があります。詳細は後述します（→98頁）。

❸ 届出制の構造

　届出は、形式上の要件に適合している場合には、法令により当該届出の提出先とされている機関の事務所に到達したときに、その効力を生じます（行政手続法37条）。形式要件の不備以外の理由を付けて返戻したり不受理としたりすることは許されません。

　ただし、**届出制**を採用したからといって、行政が何らの規制もかけないというわけではないので、注意しましょう。届出制というのは、入口部分では特段の規制をかけないというだけであり（なお、届出義務の懈怠については罰則が科されます。）、ほとんどの場合、届出者が適切に事業を行っているか、様々な手段を用いて指示・監督を及ぼす構造が採られています。措置命令を含めた実効性ある手段が規定されていることも珍しくありません。

　山梨県条例の特徴は、規制区域外の施設設置と条例施行日以前からの既存施設についても、届出制による「規制の網」を被せるという手法を採用したことにあります。まず、設置区域外における太陽光発電施設の設置については、山梨県条例14条1項で届出を義務付けています。また、既に許可を得た太陽光発電事業についても、地位の承継が生じたときや太陽光発電事業を廃止しようとするときにはその旨を届け出なければならないと定めています（同条例19条・20条）。

> **§　山梨県太陽光発電施設の適正な設置及び維持管理に関する条例**
> （設置届出）
> 第14条　設置規制区域外に太陽光発電施設の設置をしようとする者は、規則で定めるところにより、あらかじめ、次に掲げる事項を記載した届出書に、必要な図面等を添付して、知事に提出

しなければならない。

一　氏名又は名称及び住所並びに法人にあっては、その代表者の氏名

二　太陽光発電施設の設置の場所

三　事業区域の位置及び面積

四　太陽光発電施設の出力

五　太陽光発電事業の内容及び実施予定期間

六　その他規則で定める事項

2　略

　何よりも注目すべきは、附則を通じて、既存施設についても、罰則付きで届出を義務付けるという方法で「規制の網」を被せた点です。すなわち、条例施行日以前に工事に着手した既存施設については規制の適用を除外する一方で（附則2条）、既存施設の変更については許可を要するとし（附則3条）、令和4年6月30日までに既存施設についても届出を行うよう義務付けました（附則4条1項）。義務違反には罰則が科されます（附則8条）。

　また、適正な維持管理に関する規定は既存施設についても準用されることを明記した点が特筆されます（附則6条1項）。太陽光パネル規制の「本丸」は既存施設の管理不全にあることを考えると、管理不全状態になる前に一律の届出によって「規制の網」で捕捉するとともに、既存施設に対しても適正管理を求めた山梨県条例の方針は高く評価すべきです。

　財産権の尊重（憲法29条1項）の視点でみると、既存施設に対する規制は「遡及立法」ではないかとして及び腰になりがちです。しかし、「空家等対策の推進に関する特別措置法」2条2項の「特定空家」のように、建築されたときは適法であったとしても、管理不

全状態になって周囲に危険をもたらしている建築物に対し、罰則付きの除却命令などの規制を及ぼす法令は現に存在します。こうしたことを考慮すれば、山梨県条例附則の定めは、禁じられる遡及立法ではありません。

> ○　附則
> 　（施行期日）
> 第1条　この条例は、令和3年10月1日から施行する。ただし、附則第4条から附則第6条までの規定は、令和4年1月1日から施行する。
> 　（適用関係）
> 第2条　第7条から第18条まで（第11条第5項を除く。）の規定は、この条例の施行の日前に設置の工事に着手した太陽光発電施設（以下「既存施設」という。）については、適用しない。
> 　（既存施設の変更許可）
> 第3条　事業者は、その全部又は一部が設置規制区域にある既存施設について発電出力その他の規則で定める事項を変更しようとするときは、あらかじめ、知事の許可を受けなければならない。ただし、この条例の施行の日前に当該変更に係る工事に着手した場合にあっては、この限りでない。
> 2　第7条から第13条まで、第16条、第20条第3項、第24条第1項及び第2項、第25条並びに第26条の規定は前項の許可について、第17条、第18条、第19条（第4項を除く。）、第24条第3項、第25条及び第26条の規定は前項の許可を受けた者について、それぞれ準用する。この場合において、第12条第2項及び第4項、第13条第1号及び第2号、第16条、第20条第3項並びに第24条中「変更許可」とあるのは、「附則第3条第2項において準用する第12条第1項の許可」と読み替えるものとする。

（既存施設の届出）

第4条　事業者は、令和4年6月30日までの間に、既存施設について知事に届け出なければならない。

2　第14条及び第19条第4項から第6項までの規定は、前項の届出について準用する。

3　第1項の規定により届け出た内容を変更しようとするとき（前条第1項の規定により知事の許可を受けなければならないときを除く。）は、あらかじめ、知事に届け出なければならない。

4　第15条の規定は、前項の届出について準用する。

（既存施設の標識の設置）

第5条　事業者は、令和4年6月30日までの間に、規則で定めるところにより、既存施設の事業区域内の公衆の見やすい場所に、氏名又は名称その他の規則で定める事項を記載した標識を設置しなければならない。

（既存施設の維持管理）

第6条　事業者は、第18条第1項各号に掲げる維持管理に関する基準に従って既存施設及び事業区域（次項において「既存施設等」という。）の適正な維持管理をしなければならない。

2　事業者は、令和4年6月30日までの間に、規則で定めるところにより、既存施設等の維持管理をするための計画を作成し、当該計画に従い当該既存施設等の維持管理を行わなければならない。

3　第18条第3項から第5項までの規定は前項の計画について、同条第6項の規定は既存施設について準用する。

❹ 指導及び助言、勧告から措置命令＋代執行へ

▶措置命令の機能

　行政処分として下される、私人に対して行政上の特定の義務を履行することを命じる命令のことを、**措置命令**とよびます。建築基準法9条1項（→48頁）を例にとれば、「当該工事の施工の停止を命じ、又は、相当の猶予期限を付けて、当該建築物の除却、移転、改築、増築、修繕、模様替、使用禁止、使用制限その他これらの規定又は条件に対する違反を是正するために必要な措置をとることを命ずる」という部分です。ここでは、工事の施工停止、建築物の除却（除却命令）、移転、改築、増築、修繕、模様替などについて、「命令」を下すことができるというわけです。

　措置命令のポイントは、それが下されることで、相手方（義務者）は、措置命令に対応した具体的な義務を履行しなければいけなくなるという不利益処分である点です。自分の家について除却命令が下されれば、家を除却する義務（作為義務——代替的作為義務）を負うことになり、それを取り壊さなければ、違法になります。

　取壊しを拒めば、処罰されることがあります（建築基準法98条）。修繕命令ならば家の修繕をしなければならない義務（〔代替的〕作為義務）を、使用禁止命令ならば家に住み続けてはいけない義務（不作為義務）を負うわけです。模様替命令などは、古都保存条例や景観条例が制定・施行されている区域で、壁をショッキングピンクで塗りかためた建物などを建てると下されます（参照、東京地判平成21年1月28日判タ1290号184頁）。相手方に不作為義務を課す場合、特に禁止とよぶことがあります。

▶許可制、届出制と措置命令

　ところで、これまで許可制や届出制のように、事前に違反者となり得る予備軍に対し「規制の網」を被せておく構造を念頭に置いて説明してきましたが、何も措置命令を発する場合にいつも「規制の網」を被せておく必要があるわけではありません。

　空家特措法やごみ屋敷条例の場合、住民の誰しもが特定空家を放置したり、ごみ屋敷を形成したりすることがあり得ます。したがって、措置命令を出すにあたっても、誰もが義務者となり得ることを前提に、制度を組み立てる必要があります（誰しも義務者になり得るという意味では、刑法における窃盗罪や傷害罪などと似たところがあります）。

　これに対して、措置命令を出すのは主に特定の商売を行っている事業者に限られるという領域もあります。このようなときは、許可を取得した人にだけ事業を認めるという許可制を採用し、許可者のリストを参照した上で、許可取消しの権限を背景に、業務改善命令に従わせるというやり方が一般的です（それでは無許可で悪質な商売を行った場合はどうするのかという疑問が浮かぶかもしれませんが、その場合は、上記のとおり、無許可で営業したこと［禁止＝不作為義務に違反したこと］自体に厳しいペナルティが科されます）。

　山梨県条例の場合は、①規制区域外の施設と条例施行日以前からある既存施設については、届出制を通じて「規制の網」を被せる一方で、②規制区域内における条例施行日より後の施設設置については、許可制によって「規制の網」を被せるという複合的な構造が採られています。

＊　措置命令を介さず、法律・条例により直接に義務が課される場合

　本文では措置命令により行政上の義務を課すケースを説明しましたが、措置命令を介さず、法律・条例により直接に義務が課される場合もあります。ごみのポイ捨てを禁止したり、路上喫煙を禁止したりする場合などです。ただし、その多くは不作為義務であり、条例においては、不作為義務の場合は違反に対しては行政罰（刑罰・秩序罰）を科すという立法を行う以外にありませんので、法的しくみは比較的単純です。

▶前提としての維持管理義務

　事業者に対し、いかにして太陽光発電施設（事業区域を含めた場合には、「太陽光発電施設等」とされます。）の適正な維持管理を行わせるかについては、難題です。山梨県条例18条1項は、設置規制区域の内外を問わず、太陽光発電施設等について、①土砂災害等の防止および周辺地域の環境の保全に支障が生じないよう、常時安全かつ良好な状態が維持されていること（同項1号）、②周辺で土砂災害等が発生するおそれがある場合には、上記の支障が生じないために必要な措置が速やかに講じられること（同項2号）、そして、③仮に太陽光発電施設の損壊が発生し、または周辺地域の環境の保全上の支障が生じた場合には、当該太陽光発電施設の復旧または当該支障の除去のために必要な措置が講じられることを義務付けました。さらに、適正な維持管理を担保するための計画の作成・公表義務（同条2項・3項）、事故が生じた場合の復旧・事後報告義務を課すなどして（同条6項）、その実効性確保を図っています。

§　山梨県太陽光発電施設の適正な設置及び維持管理に関する条例

（維持管理）

第18条　事業者は、次に掲げる維持管理に関する基準に従って太陽光発電施設及び事業区域（以下「太陽光発電施設等」という。）の適正な維持管理をしなければならない。

一　太陽光発電施設等は、土砂災害等の防止及び周辺地域の環境の保全に支障が生じないよう、常時安全かつ良好な状態が維持されていること。

二　太陽光発電施設等の周辺において土砂災害等が発生するおそれがある場合は、太陽光発電施設の損壊の防止又は周辺地域の環境の保全上の支障が生じないために必要な措置が速やかに講じられること。

三　土砂災害等により太陽光発電施設の損壊が発生し、又は周辺地域の環境の保全上の支障が生じた場合は、速やかに当該太陽光発電施設の復旧又は当該支障の除去のために必要な措置が講じられること。

2　事業者は、規則で定めるところにより、太陽光発電施設等の維持管理をするための計画を作成し、当該計画に従い、当該太陽光発電施設等の維持管理を行わなければならない。

3　事業者は、前項の規定により計画を作成したときは、規則で定めるところにより、これを公表しなければならない。

4　事業者は、事業区域の全部又は一部が設置規制区域に含まれる場合は、規則で定めるところにより、第2項の規定により作成した計画及び同項の規定により行った維持管理の結果を知事に提出しなければならない。

5　前3項の規定は、太陽光発電施設等の維持管理をするための計画を変更した場合に準用する。

6　事業者は、事故又は土砂災害等により、太陽光発電施設の損壊が発生し、又は周辺地域の環境の保全上の支障が生じたとき

> は、速やかに当該太陽光発電施設の復旧又は当該支障の除去の
> ために必要な措置を講ずるとともに、規則で定めるところによ
> り、その旨を知事に報告しなければならない。

▶指導・助言・勧告の前置

　措置命令は私人に対して義務を課し、それに従うよう強制する手
法ですから、ソフトな働きかけでは言うことを聞いてくれない場合
の最後の手段として位置付けられています。したがって、まずは**行
政指導**としての指導・助言（山梨県条例21条）、勧告（同条例24条各
項）を行って、それでも言うことを聞いてくれなかった場合に、措
置命令を下すというプロセスが予定されています（同条例25条）。

---

§　山梨県太陽光発電施設の適正な設置及び維持管理に関する条例

（指導及び助言）

第21条　知事は、この条例の施行に必要な限度において、事業者
　に対し、指導及び助言を行うことができる。

（勧告）

第24条　知事は、設置許可又は変更許可を受けないで太陽光発電
　施設の設置をした者に対し、太陽光発電事業の中止、太陽光発
　電施設の撤去又は原状回復を勧告することができる。

2　知事は、設置許可又は変更許可に係る太陽光発電施設が第11
　条第1項第1号から第3号までに掲げる基準又は同条第3項
　（第12条第2項において準用する場合を含む。）の規定により付
　した条件に適合していないと認めるときは、当該設置許可又は
　変更許可を受けた者に対し、太陽光発電事業を直ちに中止する
　よう勧告することができる。

3　知事は、事業者が第18条第1項の基準に従って維持管理を行
　っていないと認めるときは、当該事業者に対し、土砂災害等の

> 防止及び周辺地域の環境等の保全のために必要な措置を講ずる
> よう勧告することができる。
> 　4　知事は、第21条の規定による指導を受けた事業者が正当な理
> 由がなく当該指導に従わないときは、当該事業者に対し、当該
> 指導に従うよう勧告することができる。

　指導・助言と勧告の具体的な違いについては、勧告には尊重義務
（→57頁）が課せられるという説明が一般的です。①無許可事業の
中止勧告（同条例24条1項）は、相当に悪質な事案であり、本来な
らばいきなり措置命令を下しても良いところを勧告で留めてやるとい
いう趣旨でしょう。事業者は、早い段階で中止に応じれば、過料
（同条例29条1号）の賦課に関しても情状を考慮してもらえるかもし
れません。②基準不適合における事業中止勧告（同条例24条2項）
と③不適切な維持管理における必要な措置の勧告（同条3項）は、
まさに許可取消しや措置命令の前段階（最後通牒？）としての勧告
です。④指導に従わない場合の勧告（同条4項）は、もっと一般的
な場合を想定したものと考えられます。

　指導、助言・勧告はいずれも行政指導であるため、必ずしも条例
の根拠は必要ありません。条例で規定を置いたのは、①実際上の効
果にかんがみて条例の根拠を置くことにした、②その後の措置命令
へと至るプロセスの前段階としての位置付けを持たせることにした
という趣旨でしょう。

▶措置命令と代執行

　山梨県条例の措置命令に関する規定は実にシンプルです。これは、
「当該勧告に係る措置を講ずべきこと」を命ずることとしたためで
あり、1つの立法技術といえます。したがって、解釈の比重は勧告

の根拠条文である24条にかかってくることになります。

> **§　山梨県太陽光発電施設の適正な設置及び維持管理に関する条例**
> （措置命令）
> 第25条　知事は、前条の規定による勧告を受けた者が正当な理由
> 　がなく当該勧告に係る措置を講じなかったときは、当該者に対
> 　し、当該勧告に係る措置を講ずべきことを命ずることができる。

　そして、太陽光発電施設の設置および維持管理に関する措置命令
によって相手方に対し課される義務は代替的作為義務に分類される
ため、義務の不履行について代執行が可能です（→121頁）。通則法
としての行政代執行法が存在するために、通常の代執行手続（およ
び緊急代執行）を用いる限りにおいては、わざわざ条例の中で「行
政代執行の手段を用いることができる」旨の根拠規定を置くことは
不要です。ただし、代執行の要件にアレンジを加えたり、略式代執
行を用いるような場合には、別途、その根拠規定を置く必要があり
ます（そもそも、条例においてこうしたアレンジ規定を置くことができ
るか否かについて争いがあります→124頁）。

▶最後の手段としての許可の取消し

　悪質な事業者に対する最終的な手段が、許可の取消しです。注意
しておく必要があるのは、許可の取消しは不利益処分として構成さ
れていることです。許可を取り消す場合、通常の措置命令の場合と
は異なり、聴聞手続を行うことが必須となります。

> **§　山梨県太陽光発電施設の適正な設置及び維持管理に関する条例**
>
> （許可の取消し）
> 第13条　知事は、設置許可を受けた者が次の各号のいずれかに該
> 　当したときは、設置許可を取り消すことができる。
> 　一　偽りその他不正の手段により、設置許可又は変更許可を受
> 　　けたとき。
> 　二　設置許可又は変更許可を受けた後、１年以上、正当な理由
> 　　がなく太陽光発電施設の設置の工事に着手しないとき。
> 　三　第11条第３項（第12条第２項において準用する場合を含
> 　　む。）の規定により付した条件に違反したとき。
> 　四　第25条の規定による命令に違反したとき。

　山梨県条例13条各号は、許可の取消事由を列挙しています。１号
は、偽りその他不正の手段により設置許可ないし変更許可を受けた
場合であり、そもそも許可を受けてはいけない事案であったことか
ら、許可が取り消されるのは当然です。講学上の「職権取消し」に
分類されます（「偽りその他不正の手段」を用いなくとも許可要件を充
たしていたケースであり、余計な手段を用いたために糾弾されるに至っ
たようなときはどうするのだろうという疑問は浮かびますが、あまり考
えなくて良いでしょう）。ただし、そのような場合であっても、聴聞
によって相手方の言い分を聴くことは必要なので、注意してくださ
い。
　２号は、許可を受けた後１年以上経っても、太陽光発電施設の設
置の工事に着手しない場合です（講学上の「撤回」）。この10年間で
FITによる買取価格が年々引き下げられていったため、早期に駆け
込みでFITの認定申請だけ行っておいて、実際に太陽光パネルの設
置になかなか着手しない事例が相次いだことへの対策です。

　3号の許可条件違反、4号の命令違反は、典型的な許可の取消事由です（講学上の「撤回」）。4号のような取消事由は、措置命令の実効性を確保するための手法として良く見られます。業法規制においては、業務停止命令違反に対しては許可取消しをもって臨むことが一般的です。

　　＊　講学上の「職権取消し」と「撤回」
　一旦与えた許可を事後的に取り消す場合には、講学上、「職権取消し」と「撤回」の区別があります。「職権取消し」とは、許可要件が備わっていなかったのに誤って許可を与えたような場合であり、許可取消しの効力は遡及します（最初から許可を与えていなかったことになる）。これに対し、「撤回」というのは、許可の付与には何らの瑕疵もなかったのだけれども、あまりに違反が多いので、その許可を取り消すような場合です。撤回の場合、その効力は遡及せず、許可が付与されてから取り消されるまでの効力は有効です。いずれの場合にも聴聞は必要になりますので、注意しましょう。

▶事前手続への留意

① 不利益処分における事前手続

　不利益処分の場合、許可の取消しは言うに及ばず、措置命令であっても、私人の権利を制限し、義務を課すものであるため、誤って発出されたりすると取り返しのつかない損害となります。誤発出による権利侵害を防ぐために重要なのが、当事者の言い分をきちんと聴いて事実関係を慎重に確認するというように、適正な事前手続をふむことです。やはり行政手続法を例に説明しましょう（行政手続法と山梨県行政手続条例の使い分けについては、→81頁）。

② 措置命令は不利益処分に分類される

　措置命令のように、行政庁が直接に国民の権利を制限し、または義務を課す処分のことを、**不利益処分**とよびます（行政手続法2条4号）。不利益処分には、業務改善命令や違法建築物の除却命令のような措置命令のほか、営業停止処分、許可の取消処分、役員の解任を命ずる処分なども含まれます。

③ 処分基準

　行政庁が不利益処分を下すに際しては、そもそも処分をするかどうか、またはどのような内容の処分をするかについて法令の定めに従って判断するための内部基準（処分基準）を設定・公表しておくこととされています。その趣旨は、やはり行政の恣意的判断の抑制と相手方の不服申立ての便宜に求められます。なお、審査基準の場合とは異なり、処分基準については、設定・公表は努力義務（行政手続法12条1項）なのですが、可能な限り設定・公表しておくべきでしょう。

④ 聴聞と弁明の機会の付与

　不利益処分における事前手続の特徴は、事実関係を確認したり相手方の言い分を聴いたりするために、聴聞あるいは弁明の機会を設けることが義務付けられている点です。相手方に対して、いかなる処分が下されようとしているのかについて事前に告知し、十分にその事情を聴収して事実関係を確認することなしに、不利益処分を下してはならないのです（告知と聴聞の保障）。

　一般に、許認可の取消しや資格の剥奪など、処分の程度が重いときは**聴聞**が要請されるのに対して、営業停止処分や是正命令のように、処分の程度が相対的に軽いときは**弁明の機会の付与**で足りるとされています（行政手続法13条1項）。両者の手続上の最大の違いは、弁明の機会が原則として書面審理であるのに対して（同法29条1項

参照)、聴聞では口頭審理が実施される点です。また、聴聞については調書の閲覧が認められます（同法18条1項）。処分の程度が軽い場合は簡略な手続で足りるけれども、処分の程度が重い場合は慎重な手続が要請されると考えれば、理解しやすいと思います。

　この本でふれる措置命令の多くは、弁明の機会の付与で十分です。むろん、手続の慎重を期するために、聴聞を行うことも構いません。違法建築物や特定空家の除却命令（建築基準法9条1項、空家特措法14条3項）については、相手方は、公開による意見の聴取を請求することが認められており、折衷的な取扱いになっています。

⑤　理由の提示

　不利益処分をする場合にも、相手方に対し処分と同時にその理由を示す必要があります（行政手続法14条1項）。やはり、①相手方の不服申立ての便宜と②行政庁の恣意的判断を抑制する趣旨であり、書面主義についても同様です（同条3項）。一級建築士免許取消処分に係る最判平成23年6月7日民集65巻4号2081頁は、求められる理由の提示の程度は、当該処分の根拠法令の規定内容、当該処分に係る処分基準の存否および内容ならびに公表の有無、当該処分の性質および内容、当該処分の原因となる事実関係の内容等を総合考慮して決定すべきであり、処分基準が設定・公表されている場合には、処分の原因事実および根拠法条に加えて、処分基準の適用関係まで示されなければ、いかなる理由に基づいてどのような処分基準の適用によって当該処分が選択されたのかについて処分の相手方は知り得ないので、理由の提示として不十分であるとしています。この判例法理は、申請に対する拒否処分にも当てはまると考えられます。

⑥　審議会への諮問・答申

　条例によっては、命令を出す前に審議会や学識経験者の意見を聴いたり、その答申を得ることを義務付けている例がみられます。

❺ 審議会への諮問・答申

▶概要

　審議会は専門的な知識を持つ学識者や住民の代表から構成されており、地域の生活環境の改善など、様々な視点から自治体に意見を述べる附属機関です（地方自治法138条の４第３項）（→166頁）。「足立区生活環境の保全に関する条例」で説明しましょう。同条例７条および９条は、ごみ屋敷など「土地等が不良な状態にある」と認めるときに、その所有者等に対して、指導・勧告を経た上で、措置命令や代執行を行うときのプロセスについて定めた規定です。

---

§　足立区生活環境の保全に関する条例（平成24年条例第39号）

（指導又は勧告）

第６条　区長は、第４条第１項の規定に違反し、土地等が不良な状態にあると認めるときは、所有者等に対して、不良な状態を解消するための指導をすることができる。

２　区長は、前項の指導をしたにもかかわらず、第４条第１項の規定に違反し、土地等が不良な状態にあると認めるときは、所有者等に対して、不良な状態を解消するための措置をとるべきことを期限を定めて勧告することができる。

（命令）

第７条　区長は、前条第２項の規定による勧告をしたにもかかわらず、土地等が不良な状態にあると認めるときは、期限を定めて不良な状態を解消するための措置を命ずることができる。

２　区長は、前項の規定により命令を行うときは、事前に第12条に規定する審議会の意見を聴かなければならない。

（代執行）

第９条　区長は、義務者が正当な理由なくその命令に従わない場

合において、他の手段によってその履行を確保することが困難
であり、かつ、その不履行を放置することが著しく公益に反す
ると認められるときは、行政代執行法（昭和23年法律第43号）
の規定により、自ら義務者のなすべき行為をなし、又は第三者
にこれを行わせ、その費用を義務者から徴収することができる。
2　区長は、前項の規定により代執行を行うときは、事前に第12
条に規定する審議会の意見を聴かなければならない。
（審議会）
第12条　土地等の状態及び対応方針について審議するため、区長
の附属機関として足立区生活環境保全審議会（以下「審議会」
という。）を設置する。
2　審議会は、区長の諮問に応じて、不良な状態の判断及びその
解消について、区長に意見を述べることができる。

▶審議会を通すことのメリットとデメリット

　「足立区生活環境の保全に関する条例」の場合、措置命令（同条
例7条2項）のみならず、代執行（同条例9条2項）を行う際にも、
審議会（同条例12条以下）の意見を聴くことを義務付けている点が
特徴です。行政だけで措置命令を発し、代執行を行うという判断を
下すことは可能なのに、わざわざ学識経験者への諮問を行うことに
は、いかなる意味があるのでしょうか。

　まず、審議会を通すことのメリットを考えてみましょう。審議会
は、専門的な知識を持つ学識者や地域の事情を良く知る住民の代表
から構成されています。表向きの説明をするなら、自治体が専門家
や住民の意見を聴いて、最も適切な対処方法を探るというのが、審
議会の機能です。

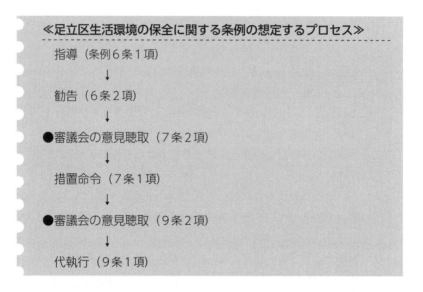

≪足立区生活環境の保全に関する条例の想定するプロセス≫

指導（条例6条1項）
↓
勧告（6条2項）
↓
●審議会の意見聴取（7条2項）
↓
措置命令（7条1項）
↓
●審議会の意見聴取（9条2項）
↓
代執行（9条1項）

　しかし、審議会で様々な意見を聴くことには手間がかかります。委員の人選、日程調整、報酬支払いにかかる費用、委員から寄せられた意見に対する担当部局の応答など、率直にいうと面倒くさいというのが、審議会を通すことのデメリットです。行政の方針に反対する意見が続出すれば、手続はそこで止まってしまいます。とはいえ、異論・反論を強硬に唱えそうな人は、最初から委員には選ばれないでしょう。

　となると、行政の意見に異を唱えなさそうな委員ばかりを集めて、審議会でＧｏサインが出たのだからもう議論は尽くされた、逆らうなという「審議会通したから文句言うな機能」（阿部泰隆『行政法再入門（上）［第2版］』信山社（2016）189頁）が、審議会を開催することの本音の目的であるともいえます。行政が強制的な権限を行使するための「お墨付きの付与」というわけであり、面倒くさい手間をかけてでも、審議会を開催するだけの意義はあるということです。

▶行政の判断を後押しする機能

　ただ、私は、「審議会通したから文句言うな機能」ばかり強調するのは、意地悪な見方だと思います。私もいくつかの審議会に入った経験がありますが、行政にとって従順そうな委員を集めようとしても、学識経験者や住民代表というのは、「何か意見を言わせてくれ」という習性の持ち主ばかりですので、自治体職員がたじろぐことも日常茶飯事です。むしろ、審議会には、行政の決断を後押しする機能があることを強調すべきでしょう。「お墨付きの付与」とあまり変わらないのですが、即時強制の項目でも述べるように（→156頁）、措置命令にせよ代執行にせよ、強制的な権限の行使というのは、自治体職員の誰しもが躊躇します。最近は比較的治まってきましたが、やはりメディアというものは行政が権力を行使するということにアレルギーをもつようだからです。このことが、せっかくごみ屋敷条例を制定したにもかかわらず、不良な生活環境が長いこと放置されたままになる最大の理由です。

　その点、審議会は、1か月に1度あるいは2か月に1度、定期的に開催されますから、否応なく、次の開催日までに、職員はごみ屋敷の除去に向けたプロセスを一段階進めなければいけません。計画的な審議を行うことで法の実現過程に乗せて、以降の見通しを立てやすくすることが、審議会の大きな役割なのです。

　ルーチン化するというと言葉は悪いのですが、いつ代執行に着手しようかグズグズ悩むよりは、定例の審議会における順繰りの案件とすることで、たとえば7月の審議会で措置命令の発出のGoサインが出たならば、次の9月の審議会ではおそらく代執行の諮問を行うことになるだろうなといった形で、現場の職員にとっては、少しずつ段階をふんで状況を改善していく目安として、審議会は活用されるのです。その上で、現場の職員に対して、審議会からのGoサ

インも出たのだから、決然と措置命令を出すぞ、代執行をするぞという勇気を与えることが、実務的な感覚における、審議会の本当の役割だと思います。

❻ 即時強制

▶特徴

　危険の発生原因を除去する必要があるけれども緊急を要する場合で相手方に義務を課している時間的余裕がないときに備えて、即時強制とよばれる手段が規定されることがあります。太陽光パネル条例では意外なほど見かけないのですが、空き家条例を全国に広める契機となった「所沢市空き家等の適正管理に関する条例」9条では、「応急措置」として規定されています。その他、「緊急安全措置」といった名称のときもあります。「必要最小限度の応急の措置」というのは比例原則を明確に定めた趣旨であり、権限濫用を防ぐために、歯止めをかけた規定です。

> **§　所沢市空き家等の適正管理に関する条例**
>
> （応急措置）
> 第9条　市長は、空き家等の適正な管理が行われていないことにより人の生命、身体又は財産に著しい損害が生じるおそれがあるときは、その予防のため、必要最小限度の応急の措置を講ずることができる。

▶軽微な措置

　即時強制は、義務を課すことなく公益上望ましい状態を実現する手法ですが、緊急の場合だけでなく、権利の侵害の程度が微少である場合にも用いられます。敷地に立ち入って草刈りをするとか、台

風が接近しているので空き家にブルーシートを被せるといった軽微な措置を執ることは、即時強制として整理されます。

❼ 立入検査、報告

> **§　山梨県太陽光発電施設の適正な設置及び維持管理に関する条例**
>
> （報告の徴収）
> 第22条　知事は、この条例の施行に必要な限度において、事業者に対し、太陽光発電施設の設置の状況その他必要な事項に関し報告又は資料の提出を求めることができる。
>
> （立入検査）
> 第23条　知事は、この条例の施行に必要な限度において、その職員に、事業者の事務所、事業区域その他その事業を行う場所に立ち入り、太陽光発電施設、帳簿、書類その他の物件を検査させ、関係者に質問させることができる。
> 2　前項の規定により立入検査をする職員は、その身分を示す証明書を携帯し、関係者に提示しなければならない。
> 3　第1項の規定による立入検査の権限は、犯罪捜査のために認められたものと解釈してはならない。

▶報告、資料提出の求め

　太陽光パネル条例の適正な施行を図るためには、太陽光発電施設の設置の状況などについて正確な情報を把握することが不可欠であり、そのためには、事業者に対し報告や資料の提出を求める必要があります（山梨県条例22条）。山梨県条例では、第22条の規定による報告もしくは資料の提出をせず、または虚偽の報告もしくは資料の提出をした者について5万円以下の過料に処すると定めることで、報告、資料提出の求めの実効性を確保しています（同条例29条3号）。

▶立入検査の留意事項

　事業者が立入検査を拒み、妨げ、もしくは忌避し、または質問に対して答弁をせず、もしくは虚偽の答弁をした者は、5万円以下の過料に処せられます（山梨県条例29条4号）。山梨県条例が定める行政調査は、罰則を背景に間接強制的に調査に応じるよう求めるものであり、抵抗を排除して事業者の事務所や太陽光発電施設の敷地に立ち入ることは許されません。抵抗した者には事後的に過料を賦課することになるため、写真・動画を撮影するなどして、抵抗の証拠を残す必要があります。立入検査は、比例原則の視点から、条例の施行において必要な限度に限られます。

　その他、適正手続の観点から、担当職員には身分証の携帯・提示が義務付けられること（山梨県条例29条2項）、立入検査の権限は犯罪捜査のために認められたものではないこと（同条3項）などに注意しましょう。

▶事業者の確知

　当然の前提として、太陽光発電施設の適正な維持・管理を確保するためには、何にも先んじて、施設を設置した事業者を確知する必要があります。そのために許可制・届出制が採られているわけですが、事業者が確知できない場合には手段が尽きてしまいます。

　たとえば、空家特措法10条1項では、空家の所有者を確知するために、固定資産情報を利用することが認められています（同法10条1項）。また、相手方が確知できない場合にも用いることができる即時強制や略式代執行の規定も設けられています。

　各地の太陽光パネル条例において、事業者を確知できない場合を想定した規定を置くものは特段見当たりません。これはFITによる買取りが続く限りにおいては、事業者が誰であるか不明となる事態

があまり想定できないためと思われますが、FIT終了後に施設の荒廃が起きる可能性などを考えると、事業者を確知できない場合の備えについても検討すべきでしょう。

❽ 公表その他の措置

> § 　山梨県太陽光発電施設の適正な設置及び維持管理に関する条例
>
> （違反事実の公表等）
>
> 第26条　知事は、第13条の規定により設置許可を取り消し、又は前条の規定により措置を講ずべきことを命じたときは、その旨並びに当該設置許可を取り消された者又は当該命令を受けた者の氏名及び住所（法人にあっては、その名称、代表者の氏名及び主たる事務所の所在地）を公表することができる。
>
> 2 　知事は、前項の規定による公表をしようとするときは、あらかじめ、同項に規定する者に対し、意見を述べる機会を与えなければならない。
>
> 3 　知事は、第1項の規定による公表をしたときは、経済産業大臣にその旨を通知し、及び再生可能エネルギー電気の利用の促進に関する特別措置法（平成23年法律第108号）第15条の規定による再生可能エネルギー発電事業計画の認定の取消しを求めるものとする。

▶概要

山梨県条例は、措置命令を発した場合において、その相手方の氏名を公表することを規定しています。公表されるのは、相手方の氏名、住所（法人の場合は、その名称と代表者の氏名、主たる事務所の所在地）に限られますが（同条例26条1項）、立法論としては、太陽光発電施設の所在地などを含めることも考えられます。少し興味深いのは、山梨県条例では、措置命令に従わなかった場合にその相手方

の氏名等を公表するという、措置命令の実効性を確保するための手段として公表を規定したわけではないことです。その意図はよくわからないところがあるため、今後、他自治体で同種の条例を制定する際はよく考える必要があります。

▶条例の留保

公表に条例の留保の適用があるか否かについては議論があります（→142頁）。山梨県条例において、措置命令を受けた者の氏名等を公表することは制裁的公表の趣旨を含むものと考えられますが（これに対して、許可を取り消された者の氏名等を公表することは、許可取消しと併せて制裁の趣旨であるのか、許可を取り消されたという事実・情報を社会に向けて公表するにとどまるのか、明確ではありません。）、いずれにせよ、同条例26条1項で明文の根拠を置いたため、条例の留保の観点からは問題ありません。

▶事前手続の必要性

ただし、公表に制裁的意味を持たせる場合、不利益処分に準じて、相手方に対し事前の意見陳述の機会を付与したり（小田原市市税の滞納に対する特別措置に関する条例10条参照）、審議会に諮問する（同条例7条以下参照）といった事前手続の規定を置く必要があります。

この点、措置命令を発する際に山梨県行政手続条例に基づく事前手続として弁明の機会を付与し、許可を取り消す場合には同様に事前手続として聴聞を行ったのだから、公表を行う場合にまでもう1度事前手続を行う必要はないと考えてしまいがちです。しかし、公表に制裁的意味を持たせるのであれば、公表を行う前にもう1度、事前手続として意見陳述の機会を与える必要があります。

また、誤解されることが多いのですが、制裁的公表それ自体は不

利益処分ではありませんので、行政手続条例とは別途、事前手続の
規定を置く必要があります。

> ＊　立入検査の実効性確保？
> 　立入検査は、行政調査とよばれる事実解明の手法の１つです。
> 行政調査にも様々な種類があるのですが、調査に協力することが
> 完全に任意という場合もあれば、調査に協力しない場合は処罰し
> たり不利益的な取扱いをすることを告げる（威嚇する）ことで、
> 相手に調査を受忍してもらう場合もあります。山梨県条例では、
> 立入検査を拒み、妨げ、もしくは忌避した場合などにも罰則を設
> けていますが（同条例29条４号）、立法論としては、これに加えて、
> 制裁としての公表の規定を置くことも考えられます。

▶再エネ特措法の認定取消しの求め

　山梨県条例で注目すべき点の１つが、措置命令を受けた者につい
て制裁的公表を行う場合には、知事から経済産業大臣に対し、再エ
ネ特措法15条の再生可能エネルギー発電事業計画の認定の取消しを
求めることとした規定です（山梨県条例26条３項）。要するにFIT認
定の取消しを求めるわけで、事業者にとっては死活問題になります
から、何としてもそのような事態だけは防ぎたいと思うでしょう。

　この規定を評価する理由は、間接強制機能による実効性確保手段
を設計する上で決定的に重要なのが、相手方に「何としてもそのよ
うな事態だけは防ぎたい」と思わせることだからです。市場原理で
活動する事業者に対し最も効き目があるのはやはり市場原理を活用
した制裁であって、FIT認定を取り消したり、場合によっては買取
価格を低くするなど、FITを用いた手法こそが効果覿面であると思
います。ただし、FIT認定は国（資源エネルギー庁）の権限なので、

自治体の政策法務として行うことができるのは、山梨県条例のように「国にお願いをする」という限度にとどまります。

　なお、設置許可の取消しの場合の制裁的公表についても同様の取扱いとなっていますが、設置許可が取り消された以上は太陽光発電施設を稼働させることは不可能になるのですから、事業者に対する実際上の効き目は、措置命令の場合に限られるでしょう。

❾ 罰則

> **§　山梨県太陽光発電施設の適正な設置及び維持管理に関する条例**
>
> （罰則）
>
> 第29条　次の各号のいずれかに該当する者は、5万円以下の過料に処する。
>
> 　一　第7条若しくは第12条第1項の規定に違反して設置許可若しくは変更許可を受けないで、又は偽りその他不正の手段により設置許可若しくは変更許可を受けて、太陽光発電施設の設置をした者
>
> 　二　第14条第1項又は第15条第1項の規定に違反して届出をしないで、又は虚偽の届出をして、太陽光発電施設の設置をした者
>
> 　三　第22条の規定による報告若しくは資料の提出をせず、又は虚偽の報告若しくは資料の提出をした者
>
> 　四　第23条第1項の規定による検査を拒み、妨げ、若しくは忌避し、又は質問に対して答弁をせず、若しくは虚偽の答弁をした者
>
> ○　附則
>
> （罰則）
>
> 第8条　次の各号のいずれかに該当する者は、5万円以下の過料に処する。

> 一　附則第３条第１項若しくは同条第２項において準用する第
> 　12条第１項の規定に違反して許可を受けないで、又は偽りそ
> 　の他不正の手段により附則第３条第１項若しくは同条第２項
> 　において準用する第12条第１項の許可を受けて、既存施設に
> 　ついて変更した者
> 二　附則第４条第１項又は第３項の規定に違反して届出をせず、
> 　又は虚偽の届出をした者

▶特徴

　実効性確保を図るための典型的な手段が、命令への違反や立入り
調査への不協力に対して罰則を科すことです。条例では、地方自治
法14条３項に基づき、刑罰（２年以下の拘禁刑、100万円以下の罰金、
拘留、科料もしくは没収の刑）または５万円以下の過料を科すことが
認められています。山梨県条例の定める罰則については、刑罰を用
いず、すべて過料によって対応していることや、

- ・　無許可・無届出の施設設置
- ・　報告や資料提出の懈怠、虚偽報告
- ・　立入検査の拒否

について直罰方式により対応しているといった特徴が指摘できます
（同条例29条各号）。その一方で、最も重要であるはずの

- ・　措置命令への違反

については処罰規定を置いていません。この点は画竜点睛を欠くと
いう以外になく、条例の運用を積み重ねていった上で、今後の条例
改正の際に検討すべき事項でしょう（条例制定研修の格好の素材で
す）。措置命令への違反について処罰する場合はワンクッション方
式（→131頁）になりますが、山梨県条例ではこの方式は採用され
ておらず、すべて直罰で対応されています。また、附則の８条で、

　　・　既存施設についても、変更許可を受けないで変更を行った者
　　・　既存施設に関して届出義務を怠った者
に対しても過料の罰則を科している点が特筆されます。

▶構成要件の明確性、比例原則

　罰則を設ける際には、前述したように（→27頁）、構成要件は明確であるか（特に直罰の場合）、犯した違反行為と比較して科される罰則が重すぎないか（比例原則、罪刑均衡の原則）といった問題をクリアする必要があります。山梨県条例の場合、これらの点に問題はありませんが、比例原則については、むしろ上限が5万円の過料にすぎないということになると、実効性確保の点で心許ないかもしれません（実効性、威嚇可能性の問題）。

　地方自治法14条3項における過料の額の引き上げは、立法に向けた課題です。立法論をいえば、将来的な執行罰（→148頁）の再導入が期待されます。

▶事前手続

　過料の処分をしようとする場合には、相手方に対し、あらかじめその旨を告知するとともに、弁明の機会を与えなければなりません（地方自治法255条の3）。それ以外にも、過料の処分は条例に基づく不利益処分ですので、各自治体の行政手続条例（本件では、山梨県行政手続条例12条以下）に従うことが求められます。

▶太陽光パネル特有の問題

　ただし、事業者が太陽光パネルを放置したまま雲隠れしたり計画倒産したような場合、過料を科しても実際には徴収することができないという懸念があります（徴収可能性の問題）。制度設計の上では、太陽光パネルが運用されているうちに事業者に対して事前に撤去費

用を積み立てさせておくデポジット方式の採用を検討すべきでしょう。

❿ 費用徴収

　代執行にせよ即時強制にせよ、実務的には、その費用を十分に徴収できないことがネックとされています。この問題を解決するための興味深い手法が、デポジット方式です。神戸市条例19条1項は、5ha以上の大規模な太陽光パネルを設置する際には、事前にその廃棄費用に係る現金（同条例の用語では、「保証金」）を積み立てておく義務を課しており、当該保証金は、市が災害発生の防止のために講じた費用等に充てることとされています（同条例21条1項）。

　神戸市条例は、やはり5ha以上の大規模な太陽光パネルを設置する際には、その事業の実施に起因して生じ得る損害を填補するための損害賠償責任保険に加入することを義務付けた点でも注目されます（同条例23条1項）。指定確認検査機関制度においても、平成18年の法改正により、指定を受ける要件として損害賠償責任保険に加入しておくことを事実上義務付けており（建築基準法77条の20第3号、建築基準法に基づく指定資格検定機関等に関する省令17条1項・2項）、本来は国の法令で制度的に手当てすべき事項です。

---

§　神戸市太陽光発電施設の設置及び維持管理に関する条例

（大規模特定事業に係る廃棄等費用の確保及び管理）

第19条　事業者……は、大規模特定事業の実施に当たっては、適切に廃棄等費用を確保していることを保証するため、あらかじめ当該事業に係る廃棄等費用に係る現金（以下「保証金」という。）を金融機関に預入しなければならない。

2　前項の規定による保証金の額は、次に掲げる額のうちいずれ

　か高い額とする。

(1)　事業者が設置しようとする特定施設の発電出力に、発電出力１キロワット当たりの資本費……の100分の５に相当する額を乗じて得た額。ただし、令和２年度以後の調達価格の適用を受けることとなる特定事業を実施しようとする場合にあっては、事業者が設置しようとする特定施設の発電出力に１キロワット当たり１万円を乗じて得た額とする。

(2)　事業者が実施しようとする特定事業に係る資本費……の100分の５に相当する額又は当該特定事業に係る廃棄等費用の見積額

３〜６　略

（大規模特定事業に係る廃棄等費用の確保等に係る公表）

第20条　市長は、前条の規定に基づき事業者が保証金の預入をしたときは、当該預入をした旨及び当該保証金の額を公表するものとする。

（保証金の使途）

第21条　保証金は、事業者が第28条に基づく命令を受けたにもかかわらず、当該命令に係る措置の全部又は一部を履行しなかったことにより、災害の発生の防止又は良好な自然環境若しくは生活環境の保全に著しい支障が生じると認める場合は、当該保証金を市が行政代執行法（昭和23年法律第43号）第２条又は同法第３条第３項の規定により災害の発生の防止又は良好な自然環境若しくは生活環境の保全をするために講ずる措置に要する費用のうち廃棄等費用に該当するものに充てることができる。

２　略

３　市長は、前２項の措置を講じた場合において、保証金の額が当該措置に要した費用の額より少ないときは、その差額を事業者に負担させることができる。

４　前項の規定により負担させる費用の徴収については、行政代

執行法……の規定の例によるものとする。

（大規模特定事業に係る損害賠償責任保険への加入）

第23条　事業者は、大規模特定事業の実施に当たっては、特定施設の設置に着手する日から特定施設を廃止する日までの間、当該大規模特定事業の実施に起因して生じた他人の生命又は身体及び財産に係る損害を填補する保険又は共済（以下「損害賠償責任保険」という。）への加入をしなければならない。ただし、特定施設の設置に係る期間中の損害賠償責任保険への加入にあっては、当該特定施設の設置を請け負う者が、損害賠償責任保険への加入をすることで足りるものとする。

2・3　略

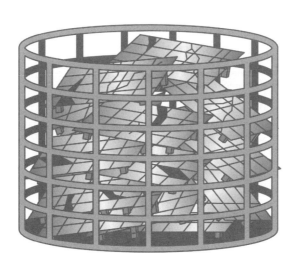

第**3**章

実効性確保のための
措置について理解しよう

第1節　はじめに

❶ 実効性確保のための措置の全体像

　条例を制定する際には、どのような実効性確保のための措置を採用するか、思い描く必要があります。しかし、実効性確保のための措置については、ある程度体系的に理解しておかないと、実践の役には立ちません。そこで、この本では、独立の章を設けて、実効性確保のための措置について解説することにしました。

```
　＊　実効性確保のための措置

代執行：代替的作為義務のみ、行政代
　　　　執行法                          行政自身が直接
強制徴収：金銭支払義務のみ、国税徴      に、義務が履行
　　　　　収法の準用                    されたのと同じ
直接強制（条例で用いること不可）        状況を作出する


執行罰（強制金）（条例で用いること不可）  罰則など不利益
行政罰　行政刑罰                        な措置について
　　　　秩序罰                          威嚇すること
インフォーマルな手段　違反事実の公      で、義務者が義
　　　　　　　　　　　表、行政サービ      務を履行するよ
　　　　　　　　　　　スの拒否・停止      うに仕向ける
                                       （間接強制機能）

即時強制：義務の賦課を前提としない
```

❷ 戦前の行政執行法

　戦前には、実効性確保のための措置についての通則法として、行政執行法という法律がありました。そこでは、裁判所の関与なく行政のみで行うことのできる直接強制、代執行、執行罰、強制徴収の手段がフルセットで規定されており、実効性確保のための措置の法律上の根拠という意味では、特に問題がありませんでした（もちろん、戦前と現在では、自治体の条例制定権の範囲などがかなり異なるので、「特に問題がない」というのは、実効性確保の面に限った話です）。しかし、戦後改革のときに、行政の実効性確保はアメリカ式にもっぱら裁判所による刑罰の賦課によってなされるべきであると考えられるようになり（司法的執行）、行政執行法は廃止されました。

❸ 条例による義務履行確保手段の創設の可否

▶問題の所在

　このとき、代執行についてのみ、通則法としての行政代執行法が制定されました。その他には、国税徴収法が、強制徴収についての実質的な通則法として機能しています。となると、正面から実効性確保について定めた法律は行政代執行法だけになるので、この法律の冒頭に、次のような規定が置かれました。これが、実に厄介な問題を起こしています。一言でいえば、行政代執行法1条の解釈から、法律で規定がない義務の履行確保の措置は条例に置くことはできないとされているのです。

> §　行政代執行法（昭和23年法律第43号）
> 第1条　行政上の義務の履行確保に関しては、別に法律で定め

るものを除いては、この法律の定めるところによる。

第2条　法律（法律の委任に基く命令、規則及び条例を含む。以下同じ。）により直接に命ぜられ、又は法律に基き行政庁により命ぜられた行為（他人が代つてなすことのできる行為に限る。）について義務者がこれを履行しない場合、他の手段によつてその履行を確保することが困難であり、且つその不履行を放置することが著しく公益に反すると認められるときは、当該行政庁は、自ら義務者のなすべき行為をなし、又は第三者をしてこれをなさしめ、その費用を義務者から徴収することができる。

▶行政代執行法1条と2条の読み比べ

わけがわからないと思うので説明すると、同法1条で規定されている「別に法律で定めるものを除いては」の中の「法律」は、同法2条の冒頭で「法律（法律の委任に基く命令、規則及び条例を含む。以下同じ。）」と書いてある以上、命令、規則、条例を含まない純然たる「法律」のことであると解釈するしかないということです。したがって、国会が制定した純然たる「法律」の中に規定されていないにもかかわらず、条例において新たに行政上の義務の履行確保手段を創設することは許されません。

私も、正直なところ、こうした技巧的な解釈はあまり好きではありません。ですが、同法1条と2条という隣り合った条文において、このような書き分けがなされている以上、どんなに頑張っても、同法1条の「法律」には条例は含まれないという解釈を採る以外にないと思います。

かねてより、この規定が不合理であることは広く認識されており、学説でも、この規定の間隙を縫って、何とか実効性のある条例を制定するための解釈が提示されてきました。その中には、同法1条の

「法律」と同法2条の「法律（法律の委任に基く命令、規則及び条例を含む。以下同じ。）」は同じ意味であると解する学説もあるのですが、解釈としては苦しいものがあります。

▶有力説──新たな義務履行確保措置ならば条例で定めることができる──

　特に有力なのは、同法1条が定める「義務の履行確保の措置」とは、行政代執行法が制定された昭和23年当時に想定されていた「義務の履行確保の措置」に限られるのであって（代執行のほか、直接強制、執行罰、強制徴収のことを指します）、それ以降に開発された新たな「義務の履行確保の措置」は、条例でも創設することが可能であるという解釈です。解釈手法としてはかなり力技の部類に属するのですが、実際、違反事実の公表や行政サービスの停止など、近年になって開発された「義務の履行確保の措置」は、法律に根拠がなくとも、各地の条例で続々と採用されており、自治体実務はこの有力説の解釈に基づいて行われています。

　　＊　有力説の解釈が裁判所で違法とされることはないのか

　本文の説明を読むと、鋭い方ならば、ある日判決で有力説の解釈が違法とされるようなことがあると、自治体実務がひっくり返るのではないかと疑問に思うかもしれません。たしかに、条例に基づき違反事実について公表された私人から、「私は○○市条例△△条に基づき違反事実を公表されたのだけれども、これは法律に根拠のない義務の履行確保の措置であり、行政代執行法1条に違反するため、○○市条例は違法無効である」などとして国家賠償訴訟でも提起されれば、この論点に関する裁判所の判断が示される可能性はあります。しかし、現在のところそのような動きはないので、安心して良いでしょう。

> ＊　直接強制と執行罰に対するこの本の立場
>
> 　ただし、この本では、あえて直接強制や執行罰についても、項目を立てて取り上げています（→145、148頁）。行政代執行法１条が将来にわたり改正されずにこのままかどうか、わからないからです。地方分権の高まりとともに、直接強制や執行罰も条例で規定できるようになるかもしれず、どのようなしくみなのか学ぶ必要性は高いと思います。

▶即時強制——定義上、条例によって規定可能

　即時強制については、後述するように（→151頁）、その定義上、「義務の履行確保の措置」には含まれないため、条例によって規定することが問題なく認められています（ただし、今度は手続保障が不十分なのではないかという別な問題があります）。

❹ 一応のまとめ

　行政上の強制執行についてフル装備の規定を置いていた行政執行法は戦後改革で廃止され、行政代執行法のみが通則法として残されました。戦後改革の基本的な発想は、行政上の義務履行確保は行政刑罰による司法的執行の方法（間接強制的手法）で十分に図られるというものでした。

　しかし、その意図に反して、行政刑罰は長らく機能不全の状態にあります。代執行についても、権力的な措置に対するアレルギーが強いこともあってか、空き家対策が盛んに執られるようになるまで、ほとんど行われてきませんでした。

　自治体法務では、法律と抵触しない形で、秩序罰（過料）や違反事実の公表といった手段を組み合わせて、実効性確保のための工夫が図られているというのが現状です。

第2節　代執行

❶ 概要

　代替的作為義務について、行政が義務を課せられた私人の代わりにその義務を履行して、あとから費用を私人に対して徴収する手続が、行政代執行（単に代執行ともよばれます）です。通則法として行政代執行法が制定されていることは、先に述べたとおりです（→117頁）。①条例によって直接に命ぜられた義務の履行の確保、②条例に基づき行政庁により命ぜられた義務の履行の確保のいずれについても、代執行を用いることができます（同法2条）。ほとんどのケースは、②に関するものです。

❷ 代執行の要件・手続

　代執行は強制的な手段であって権利侵害の危険が高いことから、その行使について、多くの制約が課せられています。まず、実体的には、単に義務の不履行があるというだけではなく、「他の手段によつてその履行を確保することが困難であり」（補充性の要件）、かつ、「その不履行を放置することが著しく公益に反すると認められるとき」（公益性の要件）でなければいけません（行政代執行法2条）。

　しかし、補充性と公益性の要件を課していることは、あまりにも代執行のハードルを高くし過ぎていると批判されています。建築基準法9条12項のように、補充性と公益性の要件を法律によって外す規定も少なくありません。

　次に、手続的な要件として、文書での戒告（行政代執行法3条1項）および代執行令書による通知（同条2項）を経る必要がありま

す。執行責任者は、その旨を示す証票を携帯しなければなりません（同法4条）。

＊　緊急代執行

戒告・通知が義務付けられているのは、手続保障の見地からです。しかし、非常の場合または危険切迫の場合においては、悠長な手続をとっていられないことも想定されます。そこで、緊急の必要があり、戒告・通知という手続をとる暇がないときは、そうした手続を経ないで代執行をすること（緊急代執行）が認められています（行政代執行法3条3項）。もちろん、条例により課した代替的作為義務の履行について緊急代執行の手段を用いることも可能です。

---

❸ 費用の徴収

費用の徴収は、行政上の強制徴収手続（国税滞納処分）の例により行われます（行政代執行法6条1項）。詳細は、強制徴収の項を参照してください（→126頁）。しかし、実際には費用を十分に回収できないことが多く、自治体が代執行を躊躇する理由になっています。

❹ 代執行の実務

通則法としての行政代執行法が制定されていることもあり、条例において措置命令＋代執行のしくみを採用することに高いハードルはありません（よく誤解されるのですが、条例の規定によって代替的作為義務を課すことさえ定めておけば、その条例の中に別途代執行の手続を定めた規定を置く必要はありません。そのために、通則法としての行政代執行法があるのです）。しかし、実際に代執行手続が実行に移されることは稀であり、自治体職員の中にノウハウが蓄積されてい

ないために、果敢な執行がためらわれています。それでも、近年は、空き家の除却について代執行が行われる例が増えてきました。

◆　最近では、実践をふまえて代執行の実務上の留意点をまとめた書籍が刊行されているので、ぜひ参考にしてください（鈴木潔『強制する法務、争う法務』第一法規（2009）、北村喜宣ほか『行政代執行の理論と実践』ぎょうせい（2015）、宇那木正寛『実証　自治体行政代執行の手法とその効果』第一法規（2022））。

§　行政代執行法（昭和23年法律第43号）

第3条　前条の規定による処分（代執行）をなすには、相当の履行期限を定め、その期限までに履行がなされないときは、代執行をなすべき旨を、予め文書で戒告しなければならない。

②　義務者が、前項の戒告を受けて、指定の期限までにその義務を履行しないときは、当該行政庁は、代執行令書をもって、代執行をなすべき時期、代執行のために派遣する執行責任者の氏名及び代執行に要する費用の概算による見積額を義務者に通知する。

③　非常の場合又は危険切迫の場合において、当該行為の急速な実施について緊急の必要があり、前2項に規定する手続をとる暇がないときは、その手続を経ないで代執行をすることができる。

第4条　代執行のために現場に派遣される執行責任者は、その者が執行責任者たる本人であることを示すべき証票を携帯し、要求があるときは、何時でもこれを呈示しなければならない。

第5条　代執行に要した費用の徴収については、実際に要した費用の額及びその納期日を定め、義務者に対し、文書をもってその納付を命じなければならない。

第6条　代執行に要した費用は、国税滞納処分の例により、これを徴収することができる。

② 　代執行に要した費用については、行政庁は、国税及び地方税に次ぐ順位の先取特権を有する。

③ 　代執行に要した費用を徴収したときは、その徴収金は、事務費の所属に従い、国庫又は地方公共団体の経済の収入となる。

＊　略式代執行と即時強制

　建築基準法９条11項、道路法71条３項や都市計画法81条２項では、行政庁が過失なく、監督処分などの措置命令を命ずべき者を確知することができないときは、代執行を実施することを認めています。ただし、代執行を行う旨を事前に公告しておくことが条件です。このような代執行を略式代執行とよびますが、略式代執行と即時強制は明確に区別できないところがあります。

＊　アレンジ規定を条例で置くことができるか

　行政代執行法２条と３条には代執行を行うための要件と手続が規定されていますが、実務上の必要性から、要件や手続を緩和した「アレンジ規定」が置かれることがあります。

　緊急代執行（行政代執行法３条３項）は、行政代執行法自身が定めたアレンジ規定であり、略式代執行は、個別の法律が定めたアレンジ規定であるといえるでしょう。建築基準法９条12項などは、義務者が「その措置を履行しないとき」だけでなく、「履行しても十分でないとき、又は履行しても同項の期限までに完了する見込みがないとき」についても、代執行を行うことができる旨を定めたアレンジ規定です。

　しかし、法律を用いなければ、こうしたアレンジ規定を置くこ

とはできないのかについては、難しい解釈問題となっています。反対説は、行政代執行法自身が定めを置いた緊急代執行の場合を除いて、条例でアレンジ規定を定めることは認められないと考えます。しかし、政策条例の可能性を幅広く追求するためには、代執行それ自体の根拠規定が法律で置かれている以上、条例でアレンジ規定を置くことも認めていくべきでしょう（賛成説）。

---

§　建築基準法（昭和25年法律第201号）

（違反建築物に対する措置）

第9条　1〜10　略

11　第一項の規定により必要な措置を命じようとする場合において、過失がなくてその措置を命ぜられるべき者を確知することができず、かつ、その違反を放置することが著しく公益に反すると認められるときは、特定行政庁は、その者の負担において、その措置を自ら行い、又はその命じた者若しくは委任した者に行わせることができる。この場合においては、相当の期限を定めて、その措置を行うべき旨及びその期限までにその措置を行わないときは、特定行政庁又はその命じた者若しくは委任した者がその措置を行うべき旨をあらかじめ公告しなければならない。

12　特定行政庁は、第一項の規定により必要な措置を命じた場合において、その措置を命ぜられた者がその措置を履行しないとき、履行しても十分でないとき、又は履行しても同項の期限までに完了する見込みがないときは、行政代執行法（昭和二十三年法律第四十三号）の定めるところに従い、みずから義務者のなすべき行為をし、又は第三者をしてこれをさせることができる。

13〜15　略

第3節　強制徴収

❶ 租税債権の滞納処分

　行政上の義務履行を確保した後、その費用をいかにして義務者から徴収するかについては、大きな問題です（代執行について、→122頁、即時強制について、→159頁）。これは、費用そのものの賦課・徴収が、義務者に対する制裁として機能する場合にも同様です（過料について、→138頁。なお、罰金の場合は刑罰ですので、行政が徴収する必要はありません）。

　行政の有する債権のうち、租税債権は、裁判所の民事執行手続に頼ることなく、滞納処分という自力執行の方法で強制徴収することが認められています（国税通則法40条、国税徴収法）。地方税の徴収についても、滞納処分を用いることが可能です（地方税法48条1項など）。滞納処分は、[財産の差押え→公売等による換価→換価代金の配当] というプロセスを辿ります。

　＊　租税債権以外で強制徴収が認められている債権
　租税債権以外にも、社会保険料関係の金銭債権（健康保険法180条4項、国民年金法95条、96条、厚生年金保険法86条、89条）、都市計画法75条の受益者負担金、河川法74条の負担金・流水占用料等、土地区画整理法41条の賦課金等、そして行政代執行法5条の代執行費用について（→122頁）、強制徴収を行うことが認められています。

---

❷ 地方自治法で強制徴収が認められている債権

　地方自治法では、分担金、加入金、過料または法律で定める使用料について、強制徴収が認められています（地方自治法231条の３第３項）。

　ただし、「法律で定める使用料」について強制徴収を行うためには、賦課の根拠が法律で定められているだけではなく、行政上の強制徴収の根拠も法律で定められていなければならないとされています。わかりにくいのですが、公営住宅の家賃などは、賦課の根拠が公営住宅法16条以下で定められていても、行政上の強制徴収（滞納処分）の方法を用いてもよいという根拠規定がないため、強制徴収を行うことはできません。

　そのため、「法律で定める使用料」に該当するのは、港湾法に基づく入港料、土地改良法に基づく清算金、下水道法に基づく使用料、漁港漁場整備法に基づく漁港の利用の対価などに限られます（地方自治法附則６条）。地方分権の時代なのですから、条例によって強制徴収できる債権を選べるようにしてもらいたいものです。

　この点、令和３年に制定された「横浜市空家等に係る適切な管理、措置等に関する条例」８条５項は、即時強制である「応急的危機回避措置」に関して支出した費用について当該特定空家等の所有者等の負担とした上で、その費用を地方自治法231条の３第１項に規定する歳入とすることを定めています。同条「第３項」ではなく「第１項」の歳入としたことに含みがありますが、素直に読めば、即時強制の費用について滞納処分で徴収することを認めた規定とも解釈することができるため、今後の運用が注目されます。

> **§　地方自治法（昭和22年法律第67号）**
>
> （督促、滞納処分等）
>
> 第231条の3　分担金、使用料、加入金、手数料、過料その他の普通地方公共団体の歳入を納期限までに納付しない者があるときは、普通地方公共団体の長は、期限を指定してこれを督促しなければならない。
>
> 2　略
>
> 3　普通地方公共団体の長は、分担金、加入金、過料又は法律で定める使用料その他の普通地方公共団体の歳入につき第1項の規定による督促を受けた者が同項の規定により指定された期限までにその納付すべき金額を納付しないときは、当該歳入並びに当該歳入に係る前項の手数料及び延滞金について、地方税の滞納処分の例により処分することができる。この場合におけるこれらの徴収金の先取特権の順位は、国税及び地方税に次ぐものとする。
>
> 4～11　略

❸ 強制徴収が認められていない債権

　これらに該当しないものについては、通常の民事債権と同様に、債務者を裁判で訴えて、勝訴判決（債務名義）を得てから、民事執行手続をとる必要があります。公営住宅の家賃、公立学校の授業料、上水道料金などが、これに該当します（参照、国の債権の管理等に関する法律15条、地方自治法施行令171条の2）。即時強制の費用などは、民事訴訟・民事執行手続を通じて徴収する以外にありません（契約と構成する手法については、→159頁）。

罰則①　行政刑罰

1 概要

　行政刑罰は、義務に従わなかった者に対して刑罰という重大な制裁を科すというものです。刑罰は、強制的に命令に従わせるためには不可欠の構成要素ともいえるのですが、その実効性には疑問が拭えません。条例で行政刑罰の規定を置いても、実際に違反者が処罰される例はごく僅かだからです。

　このように、行政刑罰が機能不全を起こしている1つ目の理由は、自治体職員は刑罰規定を設けることに慣れていないため、構成要件（処罰範囲）が不明確になりやすいことです。2つ目の理由は、警察が行政刑罰で立件することに慣れておらず、適切な取締りがなされないことです。これには第1の理由も関係しており、処罰範囲が不明確なので、警察・検察も、取締りのために動くべきか否か躊躇するからともいわれます。せっかく罰則規定をつくっても警察や検察が動かないのでは、絵に描いた餅です。捜査機関と連携したり、長期間に及ぶ裁判への対応が必要となってくると、自治体現場には少なからぬ負担となります。

　国の法律（特に内閣提出法案）の場合には、事前に内閣法制局と法務省の厳重なチェックを受けるのに対して、条例についてはそのようなチェックが制度的に予定されていません。自治体と地方検察庁との協議（検察協議）を活用することで、条例の精度を高めるとともに、警察・検察の協力をとりつけましょう。

> ＊　法律に基づく行政刑罰は機能しているのか
> 　本文では第１の理由を強調しましたが、それならば国の法律
> で規定された行政刑罰はきちんと機能しているのかという疑問
> が浮かぶことと思います。ご承知のとおり、行政刑罰が機能し
> ているといえる領域は、風営法、道路交通法、租税法など、ほ
> んの一部です。あまりに行政刑罰は範囲が広すぎて、現場の警
> 察官もよく理解していないという第２の理由が、行政刑罰が機
> 能不全を起こしている本当の理由でしょう。

❷ 条例による処罰と平等原則

　条例によって罰則を定めるということは、この日本国内において、地域によって同じことをしても処罰されたりされなかったり、刑罰が重かったり軽かったりする帰結を認めるということです。

　良く知られているように、青少年（婚姻していない18歳未満の者）との合意による性行為を一般的に処罰する法律はなく、各都道府県の青少年保護育成条例の定めに委ねられています（なお、児童買春を行うと、「児童買春、児童ポルノに係る行為等の規制及び処罰並びに児童の保護等に関する法律」４条により、５年以下の拘禁刑または300万円以下の罰金に処せられます）。となると、同じことをしても、多くの都道府県では２年以下の拘禁刑または100万円以下の罰金に処せられるのに対して（参照、青森県青少年健全育成条例30条）、長らく淫行処罰の条例をもたなかった長野県では処罰されてきませんでした。

　福岡県青少年保護育成条例事件に係る最大判昭和60年10月23日刑集39巻６号413頁は、淫行処罰の内容が自治体ごとに異なることは平等原則（憲法14条１項）に違反するものではないとしましたが、

この手のことはむしろ国全体で共通して規律すべきではないかという意見も根強くあります。

> ＊　直罰方式とワンクッション方式
> 　公益上望ましくない行為を禁止する手法として、直罰方式とワンクッション方式（命令前置方式とも）があります。直罰方式とは、法律違反を行った者を直ちに処罰する方式のことで、殺人罪や強盗罪など、刑法犯罪に多くみられます。青少年保護育成条例の淫行処罰も、直罰方式です。これに対して、ワンクッション方式（命令前置方式）とは、法律違反行為に対して一旦行政庁の業務停止命令などを介在させ、それに従わなかった者を処罰する方式のことで、行政法関係の刑罰に多くみられます。（阿部泰隆『行政法解釈学Ⅰ』有斐閣（2008）616頁）

❸ 刑罰の構成要件の広汎性・不明確性

　条例によって罰則を定めることの最大の問題は、自治体の立案者が刑罰規定を定めることに慣れていないために、処罰の対象が不明確となり、過度に自由を侵害してしまうおそれが否めないことです。そして、警察や検察も、過度に住民の自由を侵害してしまわないように、はじめから捜査に乗り出さないという悪循環が生まれます。

　福岡県青少年保護育成条例事件では、「淫行」を行った者を処罰することとしていたのですが、「淫行」概念は不明確であり、処罰範囲が広がりすぎるのではないかという点が懸念されました。「淫行をした者は処罰するぞ」と言われても、何が「淫行」に当たるのかよくわかりませんよね。上杉謙信のような人以外はすべて処罰する趣旨でしょうか。

　最大判昭和60年10月23日は、通常の判断能力を有する一般人ならば、「淫行」とは「青少年を誘惑し、威迫し、欺罔し又は困惑させる等その心身の未成熟に乗じた不当な手段により行う性交又は性交類似行為」などと理解できるから心配は要らないとしましたが、そのような理解力を求めることにはやはり無理があると思います。

　広島市暴走族追放条例16条と17条は、「公衆に不安又は恐怖を覚えさせるようない集又は集会」が、管理者の承諾を得ず、「公共の場所において、特異な服装をし、顔面の全部若しくは一部を覆い隠し、円陣を組み、又は旗を立てる等威勢を示すことにより行われたとき」は、市長は当該行為の中止命令・退去命令を発することができ、命令に違反した者は6月以下の拘禁刑または10万円以下の罰金に処せられると定めています。最判平成19年9月18日刑集61巻6号601頁は、これは暴走族およびその類似集団に限られるので、集会の自由を保障する憲法21条および31条に違反するものではないとしましたが、ハロウィンのような仮装イベントまで規制されてしまいかねないとして批判も少なくありません。

　もちろん、淫行の処罰や暴走族の抑制という目的自体に異論はないのですが、処罰の範囲が不明確であると、処罰される行為とそうでない行為との見分けがつかず、結果として国民の行動の自由を過度に萎縮させてしまう危険があるということです（萎縮効果）。刑罰の構成要件の広汎性・不明確性は、よく憲法問題として取り上げられるのですが、その対象のほとんどは条例による規制です。憲法上の疑義が生じないためにも、対策として、検察協議を積極的に活用していくべきです。

☆ワンクッション方式における構成要件の明確性

　処罰の要件のことを構成要件とよび、「人を殺した」(刑法199条)、「人の身体を傷害した」(刑法204条)といった定め方がなされます。構成要件が明確に定められてないと、処罰範囲がわからず、国民の行動を萎縮させるおそれが出てきます。「人を殺したり傷害したりするというのは、誰の目にも明らかな行為じゃないか」と思われるかもしれませんが、中絶した場合は「人を殺した」ことに該当するのかとか、家の周囲で大きな音を鳴らして住民をノイローゼにさせた場合は「人の身体を傷害した」に該当するのかとか、問題は意外とあります。

　直罰方式の場合、構成要件の定め方が問題になることは、本文で説明したとおりです。これに対して、ワンクッション方式の場合には、事前に発出した措置命令に違反することが構成要件ですから、比較的、構成要件が不明確になることは少ないと思われます。ただし、業務改善命令において、「あなたの業務は適正になされていないので、何らかの形で業務を改善しなさい」と命じられたところで、具体的に何をすれば良いのか相手に伝わらないといったことはあり得るでしょう。そのような不明確な業務改善命令に従わなかったという理由で刑罰が課されるようなことがあってはなりません。

　検察協議の場では、直罰のみならず、ワンクッション方式についても、措置命令の内容として具体的にいかなるものを想定しているのか、チェックがなされるはずです。検察官は規定ぶりの明確性について審査するプロですから、措置命令の明確性についても、あわせてチェックしてもらうのが良いと思います。

第5節　罰則②　過料

❶ 概要

　刑罰に対して、近年、条例の中で積極的に用いられているのが、秩序罰です。秩序罰は、過料という形で科されます（刑罰の一種である科料〔とがりょう〕と区別して、過料〔あやまちりょう〕などとよばれます）。法律に根拠をもつものと条例に根拠をもつものがありますが、この本では、条例に根拠をもつものを念頭に置きます。条例に根拠をもつ過料の最大の特徴は、長の行政処分によって科することができる点です。つまり、過料は、警察・検察や裁判所などを介さず、行政の権限と責任の下で、科すことができるのです。

　＊　法律に根拠をもつ過料

　過料には、転居届の不提出（住民基本台帳法23条、52条2項、53条）や会社の登記・公告・開示の懈怠（会社法976条では、100万円以下という高額の過料が設定されています）のように、法律に根拠をもつものがあります。これは、非訟事件手続法に基づき裁判所によって科される――自治体は直接にはかかわらない――点で異なります。

---

❷ 秩序罰と過失責任主義

　「秩序罰」という名称や、その違反について過料を科している法律の内容をみると、もともと過料の活用が想定されていたのは、届出義務の懈怠など、行政事務の円滑な遂行を妨げるような秩序違反

行為であったと推察されます。届出を行うべきなのにしなかったという事実さえあれば、落ち度（故意・過失）の有無にかかわらず、過料を科すべきと考えられていました（浦和地決昭和34年３月17日下級民集10巻３号498頁、東京高決昭和51年８月３日判時837号49頁）。これを無過失責任主義とよびます。

　しかし、先に述べたような事情から、近年では、本来行政刑罰によって対処すべきように思われる違反事実についても、過料で対応する条例が少なくありません。こうした対象の変化・広がりを受けて、過料を科す場合にも行為者の過失が求められるとする見解が有力になっています。少なくとも行政刑罰を科すべきと考えられるような違反事実に対して科される過料については、行為者の違反に対する非難（してはいけない行為をあえて行ったことに対する非難）をその内容とするわけですから、故意・過失が要件として求められるのではないかということです。

　「横浜市空き缶等及び吸い殻等の散乱の防止等に関する条例」の違反者に対する過料の賦課の可否が争われた事案において、横浜地判平成26年１月22日判時2223号20頁とその控訴審である東京高判平成26年６月26日判時2233号103頁では、いずれも、行為者に過失がなければ過料を科すことはできない（過失責任主義）という判断が示されています。

❸ 秩序罰と事前手続

　このように、秩序罰としての過料は、近年の条例における実効性確保の手段として、盛んに活用されています。そこで、２点ほど、注意点を補足します。

　１つ目は、事前手続の保障です。行政刑罰の場合は、刑罰ですから、違反者に対して最終的に制裁を科すまでには、刑事手続とよば

れる、警察官の捜査（被疑者の逮捕・勾留を含む）や検察官による公
訴の提起（起訴）、そして刑事裁判という――行政にとっての――
厳重なハードルがいくつも設定されていました。これは、刑罰の峻
厳さにかんがみたとき、誤った判断に基づいて処罰する（冤罪）よ
うなことがあってはいけませんから、当然に求められるハードルで
す。そして、違反者（被疑者・被告人）にとっては、刑事手続によ
って、人権が保障されていることになります。

　これに対して、条例に基づき過料を科す場合には、不利益処分を
課すための事前手続が刑事手続の代わりとなります。端的にいえば、
弁明の機会の付与（→96頁）と理由の提示です（→97頁）。むろん、
これらの手続については、地方自治法255条の３の明文規定がある
ほか、すでに各自治体の行政手続条例にも規定がありますので、条
例の中に過料の規定を新設するからといって、弁明の機会の付与や
理由の提示について、別段の規定を設けなければならないわけでは
ありません。

　そうではなく、過料の賦課処分において事前手続が適切に行われ
ているか、職員に対する十分な意識づけが必要になるということで
す。事前手続に瑕疵のある過料の賦課処分は違法なものとして取り
消され、場合によっては国家賠償請求がなされるかもしれないので
す。一口に不利益処分を課すとはいっても、様々な場合があります。
多くの場合、不利益処分は、役所に持ち帰って精査してから行われ
るので、あまり問題は起きません。しかし、路上喫煙禁止条例への
違反に基づきその場で違反者から過料を賦課・徴収するような場合
には、事前手続が十分に実施されているか、組織的に入念な確認が
必要です。

④ 秩序罰と比例原則──高額な過料は違法・無効とされる

　２つ目は、比例原則です。過料の賦課も私人の権利を侵害する不利益的な処分ですから、違反事実と比較したとき、あまりに高額な過料の賦課処分は、比例原則に違反するものとして違法・無効となります（参照、須藤陽子『過料と不文の原則』法律文化社（2018）139頁以下）。

　比例原則の項目で説明したように（→31頁）、条例であまりに高額な過料額を設定した場合には条例の規定自体が違法・無効となりますし、条例で設定した金額の範囲は妥当であっても、個別具体的な事案における賦課額が高すぎる場合には、個別の過料賦課処分が違法・無効となります。

　名古屋地判平成16年９月22日判タ1203号144頁は、使用料計測器を通らない不正な配管を設置したことで下水道使用料の徴収を不正に免れた公衆浴場業者が、地方自治法228条３項を受けて制定された春日井市下水道条例に基づき、徴収を免れた金額の約３倍の過料を科されたという事案について、過料額は不正免脱金額の２倍が相当であるとして、その額を上回る部分を取り消しました。

Column

☆過料納付命令と民事執行

　過料は、滞納処分によって強制徴収することが認められています（地方自治法231条の3第3項）。しかし、「地方税の滞納処分の例により処分することができる」（同項）という定め方なので（いわゆる「できる」規定）、今まで学界も行政実務も裁判所も明確に意識してきた解釈ではないのですが、条例の定め方次第では、滞納処分を用いずに、民事執行に委ねることもできると解釈する説を提唱します。

　ヒントになるのが、過料と性質のよく似た課徴金の納付命令です。独占禁止法や景品表示法など、大抵、課徴金納付命令は滞納処分によって執行されるしくみが採られています。ところが、金融商品取引法の課徴金債権は民事債権として位置付けられ、裁判所の民事執行によって徴収される法制になっています（同法185条の15第2項）。

　おそらく地方自治法の立法者は滞納処分を用いる方が行政にとって便利であると考えていたと思われますが、自治体の執行体制の充実度などを考慮したときに、金銭執行のプロである裁判所を頼ることも検討して良いでしょう。行政代執行法6条1項も同様です（→122頁、127頁）。

> § **金融商品取引法（昭和23年法律第25号）**
>
> （課徴金納付命令の執行）
>
> 第185条の15　前条第1項の規定により督促を受けた者がその指定する期限までにその納付すべき金額を納付しないときは、内閣総理大臣の命令で、第185条の7第1項、第2項、第4項から第8項まで及び第10項から第17項までの決定（……以下この条及び次条において「課徴金納付命令」という。）を執行する。この命令は、執行力のある債務名義と同一の効力を有する。
>
> 2　課徴金納付命令の執行は、民事執行法（昭和54年法律第4号）その他強制執行の手続に関する法令の規定に従つてする。
>
> 3　略

Column

☆強制徴収の方法を用いることになっている 債権についての民事執行は可能か

　応用のさらに応用のような話ですが、それならば税金なども民事執行で徴収することにすれば自治体の徴収部門をスリム化できるのではないかと疑問に思うかもしれません。しかし、最大判昭和41年2月23日民集20巻2号320頁は、農業共済の掛金のように、強制徴収の方法を用いることになっている債権の場合（農業災害補償法87条の2第3項は、「地方税の滞納処分の例によりこれを処分する」と定めており、選択の余地がありません）、民事執行に委ねることはできないとしています。

　左頁のコラムとの関係がわかりにくいので説明すると、法律で強制徴収の方法を用いることと定められている場合には、もはや民事執行は使えないということです。

　これに対して、強制徴収の方法を用いることが「できる」というように選択の余地が認められている場合には、条例の中で、金融商品取引法185条の15のように、債権の徴収は民事執行に委ねる旨を定めておけば、民事執行を用いることは妨げられないと解釈するのが自然であるというのが、私の解釈です。条例の定めによって、（滞納処分ではなく）民事執行を用いると決めておけば、民事執行を使うことができるという局面は、案外広いと思われます。

第6節　インフォーマルな義務履行確保の手段

❶ 概要

　ここでインフォーマルというのは、強制的に義務の履行を求めるものではないという意味です。ただ実際の機能をみると、相手に対し真綿で首を絞めるように圧力をかける側面があることは否定できず、本当に強制とまではいえないのか、疑問が拭えないものもあります。その定義からも条例の留保は及びませんが、インフォーマルな手段が濫用的に用いられないように注意することが必要です。「小田原市市税の滞納に対する特別措置に関する条例」（以下、「小田原市条例」とよびます）を参照しながら、考えていきましょう。

> **§　小田原市市税の滞納に対する特別措置に関する条例（平成12年条例第9号）**
>
> （滞納者に対する措置）
>
> 第6条　第2条又は前3条の手続に着手しても、なお、市税が滞納となっている場合において、当該滞納となっている市税の徴収の促進に必要があると認めるときは、市長は、当該滞納者に対し、他の法令、条例又は規則の定めに基づき行うものを除くほか、市長が必要と認める行政サービスの停止、許認可の拒否等（以下「行政サービスの停止等」という。）の措置を執ることができる。
>
> 2　市長は、必要があると認めるときは、前項の行政サービスの停止等の措置と併せて滞納者の氏名、住所その他必要と認める事項（以下「氏名等」という。）を公表することができる。

ただし、当該滞納者が、地方税法に規定する滞納処分に関する罪又は滞納処分に関する検査拒否等の罪に処せられたときは、この限りでない。

（小田原市市税滞納審査会への諮問）

第7条　市長は、前条の行政サービスの停止等又は滞納者の氏名等の公表をしようとするときは、あらかじめ次に掲げる事項を記載した書面を小田原市市税滞納審査会（以下「審査会」という。）に提出し、その意見を聴かなければならない。

⑴　滞納者の氏名及び住所（法人にあっては法人名及び所在地）

⑵　市税の滞納額

⑶　督促及び滞納処分の手続の経過

⑷　滞納処分のための質問、検査及び捜索の状況

⑸　行政サービスの停止等又は氏名等の公表を要すると認めるに至った事情を示す資料

⑹　行政サービスの停止等の内容又は氏名等の公表の予定

⑺　前各号に掲げるもののほか、必要と認める事項

（滞納者からの事情聴取）

第8条　審査会は、必要があると認めるときは、審査会に滞納者の出席を求め、その滞納に至った事情を聴くことができる。

（審査会の意見の尊重）

第9条　市長は、行政サービスの停止等又は滞納者の氏名等の公表をするに当たっては、審査会の意見を尊重しなければならない。

（弁明の機会の付与）

第10条　市長は、行政サービスの停止等又は滞納者の氏名等の公表が必要であると認めるときは、あらかじめその予定する措置の内容を滞納者に通知し、弁明の機会を付与しなければならない。

> 2　前項の規定による弁明の機会の付与の手続は、規則で定める。
> （公表の方法）
> 第11条　滞納者の氏名等の公表は、広報紙への掲載、市掲示場への掲示その他市長が必要と認める方法により行うものとする。
> （損害賠償等）
> 第12条　市長は、行政サービスの停止等又は滞納者の氏名等を公表した場合において、事実の誤認があったこと等により滞納者の権利を不当に侵害したときは、その損害の賠償及び名誉の回復について誠実に対処しなければならない。

❷ 違反事実の公表──単なる情報提供の趣旨か、それとも制裁的公表か

　条例あるいは条例に基づき発せられた行政処分で命じられた義務に違反したり、行政指導に従わない者に対して、違反者の氏名とともに違反事実を公表することが、しばしば行われています。このような違反事実の公表は、住民に対する単純な情報提供の趣旨である場合には、別に住民の権利を制限したり義務を課したりしているわけではありませんので、条例の留保の視点からも、条例の根拠を要しないとされており、不利益処分を行うための事前手続も必要ないとされています。

　しかし、事柄の性質上、違反者に対する侵害である制裁的公表との差は紙一重です。たとえば、「板垣の所有する空き家は老朽化が激しいので周囲を歩く人は気を付けるように」という公表であれば、それは住民の注意を喚起するための情報提供の趣旨であるといえるかもしれませんが、「板垣は老朽化が激しい空き家を（周囲の迷惑も顧みず）放置している奴だ」という非難の趣旨も少なからず含んでいるはずです。ましてや、「行政が改善指導したにもかかわらず空

き家をまったく放置している板垣はけしからん」というニュアンスになれば、それは制裁（侵害）とほとんど変わりはありません。そのため、念のために条例に根拠を置くべきですし（小田原市条例6条2項）、違反者に対して事前の聞き取りを行うなどの弁明の機会を付与したり（同条例10条）、審査会に諮問するといった事前手続を置くべきでしょう（同条例7条以下）。

　なお、事実の公表の仕方によっては、比例原則に違反するとして行政に損害賠償が命じられることがありますので、注意が必要です（O-157カイワレ訴訟に係る東京高判平成15年5月21日判時1835号77頁、大阪地判平成14年3月15日判時1783号97頁）。

❸ 行政サービスの拒否・停止

　近年では、地方税や使用料等の滞納者に対しては許認可をしないとか、公営住宅の入居を拒否するといった事項が条例で定められることがあります。こうした行政サービスの拒否・停止についても、条例の留保と事前手続の問題があります。念のために条例に根拠規定を置き（小田原市条例6条1項）、事前手続についても配慮することが望ましいと思います（同条例7条以下）。

　また、行政サービスの拒否・停止が、地方税や使用料等の滞納に悩む自治体にとって苦肉の策であることは理解できますが、滞納している使用料等と関連性を有するものに限られるべきでしょう。最決平成元年11月8日判時1328号16頁（武蔵野マンション決定）は、行政指導に従わない事業者に水道を引かないとした市長の所為は、「正当な理由」なく給水契約の締結を拒否することを禁じた水道法15条1項に違反するとしています。

　とはいえ、具体的にいかなる限度において関連性を有するといえるのかは、難しい問題です。水道料金の滞納者に向けた水道供給の

停止は一般に広く行われていますが、税金滞納者の家だから火事になっても消火活動に出かけないことは許されないと思われます。それに、使用料と関連している場合であっても、給食費を滞納している児童に対して給食を提供しないことは実際上難しいでしょう。

❹ 条例での工夫

　インフォーマルな手段であるとはいっても、一般的にいって、達成しようとする目的と比較して相手方に過大な負担を課したり（比例原則）、相手方を合理的な理由なく差別するなど（平等原則）、濫用的に用いられることがあってはなりません。根拠条例の中で、行政が濫用的に制裁手段を用いることを禁止する規定や、事後的な損害賠償について定めた規定を置くことが考えられます（小田原市条例12条参照）。

第7節　（参考）直接強制

1 概要

　直接強制は、私人の身体・財産に対して直接に実力を加えて行政上の義務の実現を図る手段のことです。とりわけ身体に対して実力を加えることから、類型的に人権侵害の危険が強いとされ、厳重な手続の下に実施される必要があります。現在、直接強制について定めた一般的な根拠法は存在せず、条例において直接強制を採用することはできません。

　直接強制は、非代替的作為義務、代替的作為義務、不作為義務のいずれについても用いることが可能ですが、代替的作為義務の場合には代執行がありますので、具体的に直接強制の活用が話題になるのは、非代替的作為義務と不作為義務についてです。

　不作為義務の履行として直接強制を用いることが考えられるのは、過激派のアジトの使用を禁止するための手段（成田国際空港の安全確保に関する緊急措置法3条6項）、病院から抜け出した感染症患者を連れ戻すための手段（立法例はありません）、あるいは条例で禁止されている違法なパチンコ屋の建設を阻止する手段として（最判平成14年7月9日民集56巻6号1134頁の事案を参照）です。

2 便宜的な代執行の使用の可否

　これに対して、非代替的作為義務の履行として直接強制を用いることが考えられるのは、健康診断を受診してもらったり、庁舎の一室や土地を明け渡してもらう局面です。明渡義務は、他の誰かが代わりに行うことはできないので、非代替的作為義務に分類されます。判断

が難しいのは、職員組合に対して与えていた市庁舎の一部屋についての使用許可を撤回したにもかかわらず、職員組合が立ち退かない場合に、その部屋に置いてある物件の搬出を代執行で行うような局面です。物件の搬出だけをみれば、代替的作為義務といえるからです。

　大阪高決昭和40年10月５日行裁例集16巻10号1756頁は、物件の搬出に関する代執行は認められないとしました。「物件の搬出は組合事務所の明渡しないしは立退き義務の履行に伴う必然的な行為であり、それ自体独立した義務内容をなすものではな」く、「〔明渡〕義務の強制的実現には実力による占有の解除を必要とするのであつて、法律が直接強制を許す場合においてのみこれが可能となる」というのが、その理由です（ただし、この大阪高裁の判断に従うと、今度は土地収用法102条の２第２項が土地・物件の引渡しについて代執行を行い得ることを明文で認めていることの意味が問題となります）。

　大阪地判平成21年３月25日判例地方自治324号10頁は、都市公園内にテント等を設置して生活しているホームレスに対してテント等の除却命令を発し、代執行を行ったことは違法でないとしました。たしかにテントの除却自体は他人でも可能なのですが（代替的作為義務）、公園からの退去はホームレス本人でないとなし得ず（非代替的作為義務）、どのように考えるかが問題となりました。大阪地裁は、テント等の除却によってその設置場所・周辺場所に対するホームレスの事実上の排他的支配状態は失われるけれども、それはテント等の除却によって生じる「事実上の効果」にすぎないのであって、これをもって除却命令の法的効果であるということはできず、この「事実上の効果」があるがゆえにテント等の除却命令について代執行が許されないとすると、代執行の適用場面が相当程度限定されたものとなり、行政上の義務の履行確保を原則として代執行に限定した趣旨が没却されてしまうからとしています。

❸ 即時強制との関係

現行法上、条例で直接強制を採用することは認められていません。そのため、本来は直接強制を用いるべき局面において、即時強制が採用されているのではないかという疑問が提起されています（→158頁）。これは、手続保障の見地から望ましいとはいえず、国の法政策の将来的な課題です。

> ＊　行政上の義務の履行確保と民事執行
>
> 　風営条例において禁止されている施設（たとえばパチンコ屋）の建設が強行された場合、自治体行政はどのようにして建設を食い止めることができるでしょうか。むろん、パチンコ屋の敷地について、行政が所有権や借地権（賃借権と地上権）のような財産上の権原を有していれば、裁判所に駆け込んで、民事執行の手段を用いることにより、妨害の排除を行うことが可能です。この場合の行政は、財産上の権原をもつ私人とまったく同様の立場にあるからです。しかし、そんな場合はほとんど見当たらないでしょう。
>
> 　そうした財産上の権原がないときは、宝塚パチンコ条例最高裁判決（最判平成14年７月９日民集56巻６号1134頁）が、財産権の主体としてではなくもっぱら行政権の主体として権利実現を求める場合は、法規の適用ないし一般公益の保護を目的とするものであって自己の権利利益の保護救済を目的とするものではないから「法律上の争訟」（裁判所法３条）とはいえないと判示していることとの関係で、法律に特別の定めがない限り、民事執行の手段を用いることは認められません。
>
> 　宝塚パチンコ条例判決は、自治体行政が行政上の義務の履行確保について裁判所の民事執行手続を用いるという手段を封じた点で、強く批判されています。ただし、条例で直接強制を採用することが可能になれば、（理論的には）この判決の弊害は解消されます。

第8節 （参考）執行罰

❶ 概要

　執行罰は、過去の義務の不履行に対して科される刑罰とは異なり、現在進行中（さらには将来）の義務の不履行に対して課されるものです。「罰」という名称は付いていますが、「強制金（間接強制金）」と理解するのが妥当でしょう。また、執行罰では「過料」を課すこととされているのですが、秩序罰の場合と名称が紛らわしいので、本節では「強制金」に統一します。

　執行罰は、代替的作為義務、非代替的作為義務、不作為義務のいずれの不履行に対しても科すことができると考えられています。

　注目すべきなのは、執行罰の場合、義務が履行されるまで義務者に対し反復していつまでも強制金を課し続けることが可能なことです。つまり、1日当たり1,000円の強制金を課すとすれば、1日当たりの金額は僅かでも、1か月で約30,000円、1年放置すれば365,000円にも積みあがることになり、早く履行しないと雪だるま式に金額が増えていくのです。これは義務者にとっては義務を履行する金銭的インセンティブ（義務を履行しないディスインセンティブ）となるため、早めの義務履行が期待できるというわけです。

❷ 執行罰の現状

　このように有用な義務履行確保手段であると考えられる執行罰ですが、なぜか戦後になって顧みられることなく、砂防法36条を除いて削除されてしまいました。

> § 　砂防法（明治30年法律第29号）
>
> 第36条　私人ニ於テ此ノ法律若ハ此ノ法律ニ基キテ発スル命令
> 　ニ依ル義務ヲ怠ルトキハ国土交通大臣若ハ都道府県知事ハ一
> 　定ノ期限ヲ示シ若シ期限内ニ履行セサルトキ若ハ之ヲ履行ス
> 　ルモ不充分ナルトキハ500円以内ニ於テ指定シタル過料ニ処ス
> 　ルコトヲ予告シテ其ノ履行ヲ命スルコトヲ得

　その理由としては、戦前においても執行罰は運用実績に乏しかったこと、課し得る額が僅少で実効性に疑問がもたれたこと、執行罰の間接強制的機能は行政罰により代替し得るものと考えられたことなどが挙げられています。

　現在、執行罰について定めた一般的な根拠法は存在せず、条例によって執行罰を採用することはできません。

❸ 執行罰の再評価

　近年では、執行罰を再び評価する動きが徐々に高まっています。義務が履行されるまで強制金を反復して課すことができるという執行罰の性格が、公害企業等に対する義務履行確保手段として見直されているためです。

　上に挙げた削除理由のうち、運用実績についてはともかく、課し得る強制金の額はどのようにでも調整できますし、行政罰が機能不全を来している現状では、執行罰のもつ間接強制機能は見過ごすことができません。新型コロナウイルスの感染源となり得るという理由で営業中止命令（新型インフルエンザ等対策特別措置法45条3項）を下された飲食店が言うことを聞かない場合についても、その収益の額を上回る強制金を毎日繰り返し課すことこそが、営業を思いとどまらせる最適な手段のはずです。

　執行罰と機能的に似ている民事執行法172条の間接強制も、かつては人の自由意思に働きかけて強制的に義務を履行させるという側面が嫌われて、あまり積極的に用いられてこなかったのですが、近年の法改正によりその機能が見直され、様々な局面で用いることが可能となっています。執行罰についても、その機能を見直して、特に条例により規定することを認めるべきでしょう。

Column

☆行政執行法制の将来を見据えて

　このようにみてくると、直接強制と執行罰は行政上の義務の履行の確保を図る上できわめて有効な手段であり、これらを条例で規定できないのはとても不合理であることがわかると思います。しかし、法改正の機運が高まり、行政代執行法1条が改正されるか、再び包括的な行政執行法が制定されない限りは、この現状は変わりません。私は、自治体職員のみなさんが問題意識を共有して、国民的な法改正の機運を高めていくことが重要だと考えています。仮にこの本が改訂されていくようなことがあれば、将来、直接強制と執行罰の見出しから「(参考)」が外れることを願ってやみません。

◆　興味のある方は、西津政信『行政規制執行改革論』信山社（2012）を読んでみてください。海外の立法例として、ドイツの行政執行法11条以下や、韓国の行政基本法31条が大いに参考になります（田中孝男『韓国・行政基本法条文別解説』公人の友社（2022）151頁以下）。

第**9**節　即時強制

❶ 概要

　即時強制とは、公益に違反する事態が切迫しており、私人に対して義務を課している暇がないようなときに、やむなく義務の存在を前提とせずに、公益上望ましい状態を強制的に実現する手段のことです。定義からもわかるように、義務の賦課を前提としないで行われる点が、即時強制の最大の特徴です。これは、義務を賦課している時間的余裕がないほど事態が切迫している場合や、泥酔者を保護するときなど、私人に対して義務を課しても意味がない場合が想定されているからです。

❷ 即時強制のメリット

▶条例でも規定できる

　即時強制は、その機能面や実際の態様は、これまで解説してきた義務履行確保の手段と非常に似ているのですが、義務の賦課を前提としないことから、定義上、「義務履行確保の手段」からは外れます。したがって、条例でも規定することが可能です（行政代執行法1条と2条の比較→118頁）。

▶相手方を確知する必要がない

　また、義務を課さないということは、義務の相手方を確知する必要がありません。空家特措法の1つのポイントが、いかにして空き家の管理責任者を見つけ出すかにあったことを思えば、義務の相手方がわからなくても実施できるということには、大きな意義があり

ます。この特色を生かして、即時強制は、放置船舶撤去条例や放置自転車撤去条例で威力を発揮しています。

---

§　町田市自転車等の放置防止に関する条例（昭和58年条例第1号）

（放置に対する措置）

第15条　市長は、禁止区域内に自転車等を放置しようとする者に対し、当該自転車等を自転車等の駐車場その他適当な場所へ移動するよう指導することができる。

2　市長は、禁止区域内に自転車等が著しく放置され、他の手段によっても第1条の目的を達成することが困難と認められるときは、必要な限度において当該自転車等を移送することができる。

3　市長は、防災活動の確保又は歩行者の安全に支障を及ぼすことが明白な場所に限り、禁止区域以外の公共の場所においても第1項に規定する措置をとることができる。

4　市長は、前項の規定にもかかわらず、自転車等が規則で定める期間放置されているときは、必要な限度において当該自転車等を移送することができる。

（移送した自転車等の措置）

第16条　市長は、前条の規定により移送した自転車等を保管したときは、当該自転車等が放置されていた場所にその旨を告示しなければならない。移送した自転車等の保管期間は、規則で定める。

2　市長は、前項の規定により保管した自転車等について所有者の確認に努めるとともに、確認のできたものについては、速やかに引き取るよう通知しなければならない。

3　市長は、前項の規定により通知したにもかかわらず返還することができない自転車等又は所有者が確認できない自転車

> 等については、第1項の規定により保管した後処分すること
> ができる。
> 4　市長は、前項の規定により自転車等を処分する場合は、そ
> の旨を告示しなければならない。
> 5　市長は、移送した自転車等でその機能が著しく喪失してい
> る等、明らかに財産的価値を有していないと認められるもの
> については、直ちに処分することができる。
> （移送料）
> 第17条　第15条の規定により移送した自転車等について、規則
> で定める自転車等保管場所に保管している自転車等を引き取
> ろうとする者は、引取りに際して、移送及び保管に要した費
> 用として別表第2で定める額（以下「移送料」という。）を納
> 付しなければならない。
> 2　市長は、前項の規定にかかわらず、規則で定める者につい
> ては、移送料の納付を免除することができる。

▶様々な用いられ方

　むろん、即時強制は、私人の権利を制限し、義務を課す強制的な
手段なので、条例の留保の原理から、条例に根拠規定を置くことが
必須です。

> ### §　横浜市船舶の放置防止に関する条例（平成7年条例第26号）
> （放置の禁止）
> 第8条　何人も、故なく船舶を放置し、若しくは放置させ、又
> はこれを放置し、若しくは放置させようとする者に協力して
> はならない。
> （指導、勧告、命令等）

第9条　市長は、船舶を放置し、又は放置しようとする所有者
　等に対し、当該船舶を係留施設等に移動するよう指導し、若
　しくは勧告し、又は命ずることができる。
2　市長は、前項の規定による指導若しくは勧告又は命令を行
　うため必要がある場合は、当該職員に放置されている船舶に
　立ち入り、所有者等を確認するため必要な調査をさせること
　ができる。
3　前項の規定による立入調査の権限は、犯罪捜査のために認
　められたものと解釈してはならない。
　（船舶の移動）
第10条　市長は、所有者等が前条第1項の規定による指導若し
　くは勧告若しくは命令に従わない場合又は同条第2項の規定
　による調査によっても当該船舶の所有者等を確認することが
　できない場合は、第1条の目的を達成するため必要な限度に
　おいて、当該職員に、当該船舶をあらかじめ市長が定めた場
　所に移動させることができる。

　興味深いところでは、財産的価値の乏しいちらしの除去・廃棄の
権限を私人にも付与した例があります。

§　宮城県ピンクちらし根絶活動の促進に関する条例（平成13
　年条例第32号）
　（除去及び廃棄）
第4条　何人も、まき散らしが行われたピンクちらしを除去及
　び廃棄することができる。
2　略

▶比例原則からみた留意点

　一般に、即時強制の適法性は、比例原則によって決められます。相手方の身体や財産に制約を加えてまで、公益上望ましい状態を実現するわけですから、①即時強制を行う必要性・緊急性（即時強制によって守られる法益）、②執られる手段の相当性、③制約が加えられる法益（身体・財産）といった諸要素について、複合的に考慮しなければいけません。放置自転車や放置船舶について即時強制を執ることが認められるのは、あくまで自転車や船舶を空いている場所に移動させるだけであって、それらを破壊したりするわけではないので、③財産に対する制約の程度が低いからです。ピンクちらし条例でピンクちらしを除去・廃棄してもよいとされるのは、③そもそもちらしの財産的価値が僅かだからです。空き家条例やごみ屋敷条例に基づいて敷地内の雑草を刈るなどというのも同様です。変わったところでは、多頭飼育の犬や猫を別な場所に移して一時的に飼育するなどというのもあります。殺処分するなどということであれば、可哀想であることに加えて、財産権の制限になりますが、飼育するのであれば、制限の程度は極めて低くなります（ただし、別途エサ代を管理費用として請求しなければいけません）。全般的に、即時強制が採用されているのは、③法益侵害の程度が低い場面です。太陽光パネル条例でも、パネルを廃棄したりするのではなく、別な置き場に移動させて管理するのであれば、財産権という法益侵害の程度が低いので、執行のハードルは低くなります。

❸ 即時強制のデメリット

▶手続保障に不安がある

　しかし、即時強制が義務の賦課を前提としないことは、別な問題を生み出しています。直接強制の項目で説明したように、通常、義

155

務が賦課されるケースには、法律で直接義務が課される場合と、不利益処分によって義務が課される場合があるのですが、後者が圧倒的多数です。不利益処分によって義務が課される場合、行政手続法・行政手続条例の規定に従い、事前手続としての聴聞や弁明の機会の付与、理由の提示（処分基準が設定されている場合には、処分基準に従うこと。処分基準が公表されている場合には、より強い予測可能性の確保）といった手続的保障がすでに及んでいます。ところが、即時強制の場合には、定義上、事前に義務が賦課されることは想定されていないため、このような手続保障（相手方の人権保障）について、心許ない部分があるのです。

▶現場の判断に負担がかかる

　即時強制は、もともと災害時の警察の避難誘導（警察官職務執行法4条）や破壊消防（消防法29条）など、緊急時に現場の判断で行動するための権限です。現場に広い裁量が認められることが前提であり、反対にいえば、何か起きたときの責任も現場に帰せられるということです。そのために、よほど緊急に対処すべき案件を除き、かえって現場が尻込みする要因にもなりかねないのです。おそらく、実務的にみたとき、違法状態の放置が助長される最大の要因は、ここにあるのではないでしょうか。

＊　手続の慎重さと行政の機動性
「足立区生活環境の保全に関する条例」では、措置命令を下す際と代執行を行う際にそれぞれ審議会に諮問して答申を受けるしくみを採用していますが、これは即時強制とは真逆で、現場の裁量を制約しても慎重な手続を行うべきであるという趣旨と思われます。いちいち審議会にお伺いを立てるため、行政の機動性は損

なわれますが、その分、審議会のお墨付きも得られることになり、現場にかかる決断へのプレッシャーは低減されます。

▶手続に配慮した即時強制の例

即時強制のデメリットの多くは、事前手続が不十分である点に集約されます。この点、横浜市船舶の放置防止に関する条例10条は、船舶の所有者等が勧告（行政指導）に従わない場合や、船舶の所有者等を確認できない場合において、職員に対し即時強制によって船舶を移動させる権限を付与しています。その際、前段階として、放置船舶を移動すべき旨の指導・勧告を発することとしているのは、手続保障に配慮したためです。

ただし、緊急事態であるからこそ即時強制が求められるのであることを思うと、放置船舶が航行に支障を来していて、直ちに移動すべき必要があるときには、指導・勧告を発するといった悠長なことはしていられないというジレンマがあります。行政の機動性と相手方の手続保障のバランスをどのように図るべきかについては、難しい課題です。

この条例では、同時に、船舶の移動命令（同条例9条1項）を前提に代執行（同条例10条）を実施するシステムも用意されています。このことからもわかるように、即時強制と措置命令＋代執行が行われる局面の違いは相対的なのです。慎重な事前手続が可能なときは、本則に戻って、措置命令＋代執行のしくみを採るべきでしょう。

☆現行法制の矛盾

Column

　即時強制は、措置命令＋代執行だけでなく、措置命令＋直接強制との間でも区別しづらい場合があります。違法駐車された車両のレッカー移動（道路交通法51条5項）は、運転者等の管理責任者が現場におらず、50m以内の地域内の道路上に車両を移動する場所がないときに、それ以外の場所に車両を移動するというものですが、現在の実務の運用は、義務を課さずに行政上望ましい状態を実現する即時強制であるという理解で行われています。しかし、違法駐車のレッカー移動とは、道路交通法44条により直接課された不作為義務についての履行確保の手段であるとすれば、直接強制であるという見方も可能です。

　むろん、現行法制では、条例で直接強制を採用することはできず、代替的作為義務以外の義務の履行を確保する手段は、行政罰しか用意されていません（その他、適法性について若干の議論はあるものの、インフォーマルな手段も採用できるとするのが有力な見解です→119頁）。そこで、本来は措置命令＋直接強制によって義務の履行を確保すべきなのに、便宜的に即時強制で代替するという手法が少なからず採られているのではないかといわれます。

　このような便宜的な運用には、相手方の手続保障という意味において疑問があります。他方で、行政代執行法1条の文言から条例で直接強制を採用することができない現状では、やむを得ないという反論もなされています。

❹ 即時強制と費用負担

　実務的に問題となるのは、即時強制の実施に要した費用の徴収です。即時強制においては、行政代執行法5条・6条のように、執行費用を国税滞納処分の例により義務者に請求できるとする根拠規定は法律に置かれていません（即時強制の事実上の通則法といわれる警察官職務執行法には、費用徴収の規定はありません）。したがって、京都市条例13条5項・6項や町田市自転車等の放置防止に関する条例17条1項のように、明文の規定を置くことで、費用徴収の法的根拠付けを明確にすることが望ましいと思います（この点、即時強制にかかった費用については、たとえ条例で規定を置いたとしても徴収することはできないとする有力な異論があるのですが、原因者負担金と同じように考えて、支出の原因となった状況を作出した者に対しその状況を除去するために行政が要した費用を請求することは根拠付けられます。有力な異論については、北村喜宣『空き家問題解決を進める政策法務』第一法規（2022）272頁以下で勉強してください）。ただし、即時強制の費用について強制徴収できることを認めた法律はないため、滞納処分を用いることはできず、民事執行に委ねることになります。なお、「横浜市空家等に係る適切な管理、措置等に関する条例」8条5項については、前述したとおりです（→127頁）。

> 　＊　行政契約を活用した費用請求の例
> 　　──足立区老朽家屋等の適正管理に関する条例7条
> 　執行費用をどのように根拠付けるのかは、難しい問題になっています。この点で注目されるのが、「足立区老朽家屋等の適正管理に関する条例」7条の「緊急安全措置」です。これは、老朽家屋等の危険な状態が切迫している場合において、所有者等

から自ら危険な状態の解消をすることができないとの申出があったときに、区長に対して危険な状態を回避するために必要最低限の措置を採ることを授権した規定です。文言からは即時強制に見えますが、所有者等からの依頼に基づき権限が行使され、費用は事後的に所有者等に請求されるという点で異なります。所有者が行政に頼み込んで危険な状態を除去してもらい、その費用も支払うというわけで、所有者と行政の間に締結される行政契約の一種といえます。

☆浦安町ヨット係留杭強制撤去事件 Column

　昭和55年６月、千葉県浦安町（現在の浦安市）の町長は、緊急の必要から、漁港に打ち込まれていたヨット係留用の鉄杭を強制撤去しました。これが法律・条例に根拠をもつ行為であれば行政代執行として位置付けられたのですが、当時の浦安町は漁港法に基づく漁港管理規程を制定しておらず、強制撤去を行う法律上の根拠を欠いていたことが問題となりました。いってみれば法律の根拠のない即時強制を行ったようなものだからです。この撤去を実施するために町長が業者と請負契約を締結して職員に時間外勤務を命じ、請負代金と時間外勤務手当を支出したことは財務会計上違法な支出であるとして、住民訴訟（改正前の地方自治法242条の２第１項４号に基づくいわゆる旧４号請求）が提起されました。

　最判平成３年３月８日民集45巻３号164頁は、浦安町長が漁港の管理者として鉄杭の撤去を強行したことは漁港法に違反しており、行政代執行法に基づく代執行としての適法性を肯定する余地はないとしながらも、事故・危難が生じた場合の不都合・損失を考慮すれば、むしろ町長による鉄杭撤去の強行はやむを得ない適切な措置であったと評価すべきであり、緊急避難（民法720条）の法意に照ら

しても、町長が鉄杭撤去の費用を支出した行為に財務会計上の違法は認められないとしました。

　法律の根拠がない以上、町長の行為が行政代執行法に基づく代執行として適法と評価される余地はありません。しかし、財産的価値に乏しい鉄杭を抜いただけであるから、被侵害利益は重大であったとはいえず、撤去作業は船舶事故を回避するために緊急を要するものであったこと、施設所有者が不法占拠していたこと、漁港管理規程が制定されていなかったとはいえ浦安町は本来漁港管理者として予定されていることなどを参酌すると、町長に損害賠償を請求するだけの違法性は備わっていなかったとして、判例の結論には賛成する見解が多数です。ただし、漁港管理規程を制定さえしていれば、法的には何の問題もなかった事案であることを考えれば、自治体立法法務の重要性が理解できるでしょう。

◆　第3章の内容について、参考文献も含めて詳しく勉強したい方は、小早川光郎・青柳馨（編）『論点体系・判例行政法　第1巻』第一法規（2017）のⅠ「4　行政上の実効性確保」（227〜296頁）を読んでみてください。

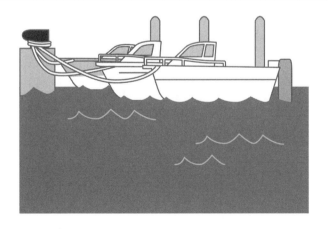

第4章

条文に落とし込もう

第1節　条例の構成

❶ 様々な種類の条文

　この章では、第2章で考えた事項を具体的な条文の中に落とし込むためのポイントについて解説します。条文には、次のような種類があります。

≪条文の種類≫

① 目的規定（→51頁）
② 用語の定義（定義規定）（→59頁）
③ 基本方針（→52頁）
④ 責務規定（→53頁）
⑤ 実体規定（→68頁）
⑥ 手続規定（→80頁、95頁）
　＊ 行政指導
　＊ 行政調査
⑦ 実効性（義務履行）確保のための規定（→102頁）
　＊ 代執行
　＊ 即時強制
　＊ 公表
　＊ 罰則規定（行政刑罰、秩序罰）
⑧ 附則
⑨ 組織規定（→98頁）

> ここが重要

▶思い入れを語るための規定

　第2章の中で、それぞれについて説明しているので、ここでは簡単におさらいするにとどめます。

　①目的規定とは、条例の目的を掲げた規定のことです（→51頁）。②用語の定義（定義規定）は、その条例で用いる用語の意味を定義したものであり、明確かつ誤解のないように定める必要があります（→59頁）。③基本方針は、政策全体のめざす方向性を示すものです（→52頁）。④責務規定は、市、住民、事業者などに対して、それぞれが心がけておくべき内容を掲げたものです（→53頁）。実体規定とは異なり、義務の内容が個別・具体的ではなく、責務規定に違反したとしても処罰されるような性質のものではありません。①〜④は、全体的に政策立案者の「思い入れ」を語るための規定であると表現するのが良いでしょう。③④などは、条例でなければ定めることのできない要素（必要的条例事項）ではありません。詳しくは、第2章・第3章を読み返してください。

▶附則

　⑧附則というのは、条例の施行日などを定めた規定のことです。きわめて技術的な定めなので、従来の条例の附則の文言に倣って、日付を書き換えれば大丈夫です。山梨県条例は附則において既存施設への規制を定めるという珍しい構造を採用していますが、例外的です。

❷ 組織規定と組織法・組織条例

▶組織規定とは

　⑨組織規定の位置付けは、やや特殊です。組織規定とは、組織の任務、構成員の資格・選任方法・任期・職務、組織の運営などにつ

いて定めた規定のことで、組織に関する重要な事項であれば、法律
や条例で定めることが求められることもありうるのですが（組織法
定主義）、それほど重要ではない細目であれば、法律や条例で定め
る必要はありません。

▶組織法

　法律の中には、内閣法、国家行政組織法、各省庁の設置根拠法、
警察法、地方自治法など、組織規定ばかりで構成される組織法があ
ります。独立行政法人通則法、国立大学法人法、特殊法人の設置法
など、国の外部にある政府関係法人の設置根拠法も、組織法です。
国家公務員法や地方公務員法などの公務員法も、広い意味では組織
法に属します。

▶組織条例

　条例の中でも、組織規定がメインとなっている組織条例がありま
す。事務分掌について定めた条例、職員定数や給与について定めた
条例、公営企業について定めた条例、附属機関について定めた条例、
支所・出張所について定めた条例、「公の施設」の設置条例などです。
　教育委員会、人事委員会、農業委員会など、執行機関である委員
会の設置条例も、組織条例です。ただし、設置条例では大枠を定め
るにとどめ、細目は規則や規程に委ねるのが一般的なやり方です。
　情報公開審査会のような附属機関である各種審査会・審議会の設
置について定めた条例も、組織条例の１つです（地方自治法138条の
４第３項）。ところが、わざわざ独立した組織条例を制定するので
はなく、「足立区生活環境の保全に関する条例」のように、ごみ屋
敷条例の中で、審議会の設置についての根拠規定を置くことがあり
ます。そこでは、審議会の役割（同条例12条２項）、組織の構成（同

条例13条)、委員の任期（同条例14条4項)、運営の仕方（同条例15条)、委員の守秘義務（同条例16条）などが定められています。

---

§　足立区生活環境の保全に関する条例（平成24年条例第39号）

（審議会）

第12条　土地等の状態及び対応方針について審議するため、区長の附属機関として足立区生活環境保全審議会（以下「審議会」という。）を設置する。

2　審議会は、区長の諮問に応じて、不良な状態の判断及びその解消について、区長に意見を述べることができる。

（審議会の組織）

第13条　審議会は、優れた識見を有する者のうちから、区長が委嘱又は任命する委員13人以内をもって組織する。

（審議会の会長の選任及び権限）

第14条　審議会に会長及び副会長を置き、委員の互選により定める。

2　会長は、審議会を代表し、会務を総理する。

3　副会長は、会長を補佐し、会長に事故があるときは、その職務を代理する。

4　委員の任期は2年とし、再任を妨げない。ただし、欠員が生じたときの後任委員の任期は、前任者の残任期間とする。

（審議会の運営）

第15条　審議会は、会長が招集する。

2　審議会は、委員の半数以上の出席がなければ、会議を開くことができない。

3　審議会の議事は、出席した委員の過半数で決し、可否同数のときは、会長の決するところによる。

4　審議会は、必要があると認めるときは、委員以外の者の会議への出席を求め、必要な資料を提出させ、意見を聴き、又は説

> 　明を求めることができる。
>
> 　5　審議会の運営に関し必要な事項は、別に定める。
>
> 　（守秘義務）
>
> 第16条　審議会の委員又は委員であった者は、職務上知り得た
> 　情報を他に漏らしてはならない。

❸ 条例の核心部分──必要的条例事項

▶必要的条例事項

　この本では、⑤実体規定、⑥手続規定、そして⑦実効性（義務履行）確保のための規定の意義について強調してきました。これらは、条例の根拠が不可欠な、必要的条例事項だからです。自治体の条例の中には、基本条例のように、①②③④（プラス⑧⑨）だけで終わっている条例も結構あります。そうした条例にまったく意味がないとは言いませんが、①②③④だけならば、条例を制定しなくても構わないということは、頭に入れておく必要があります。

▶実体規定と実効性（義務履行）確保のための規定

　⑤実体規定とは、私人の権利を制限し、義務を課す規定のことです。私人の権利を制限し、義務を課すことになる許認可や措置命令などは、法律や条例に根拠がなければ行うことができません（法律の留保、条例の留保）。実体規定は、許認可や措置命令の根拠であると言い換えてもよいでしょう。

　責務規定とは異なり、実体規定において課せられる義務は、それを履行しなければ違法となり、刑罰を科せられることがあります。代執行のように、行政に対して、義務者の代わりに義務が履行されたのと同じ状況を作り出す権限が認められている場合もあります。

これらについて定めているのが、⑦実効性（義務履行）確保のための規定です。行政によって、義務が履行されたのと同じ状況が作り出される手法（直接強制、代執行、強制徴収）と、私人に対して圧力をかけて履行してもらうように仕向ける手法（行政罰、執行罰〔強制金〕、公表）があります（詳細は、→第3章）。

　ここで、「義務履行確保」と「実効性確保」という言い回しの違いは、もう理解していますよね（→151頁）。即時強制の場合には、義務を課すことを前提にしないので、「義務履行確保」とは表現しません。代わりの言葉を探すのは難しいのですが、公益上望ましい状態を実現するという意味を含めて、【義務履行確保＋即時強制＝「実効性確保」】とよび慣わしています。

　実効性（義務履行）確保についても、私人に対して実力を行使したり、意思に働きかけて強制するという性質から、法律や条例に根拠がなければ行うことができません。

▶手続規定の位置付け

　⑥手続規定には、様々な意味合いがあります。最も狭い意味では、実体規定によって付与された権限を行使するための手順を定めた規定のことを指します。行政手続法や行政手続条例に定められているような、処分基準の設定、聴聞や弁明の機会の付与、処分時の理由の提示といった事項です。通則法として行政手続法や行政手続条例が制定されているので、個別の条例では、手続の特則だけを定めれば十分です。たとえば、行政手続条例では弁明の機会を付与すれば足りるとされている案件について、念のために聴聞の手続を実施する場合などです（両者の違いについては、→96頁）。

　広い意味では、指導や勧告のような行政指導の根拠規定や、報告の徴収や立入調査のような行政調査の根拠規定のことも、⑥手続規

定とよぶことがあります。さらに、⑥手続規定の中に義務履行確保
のための規定を含める場合もありますので、文脈を見極めることが
重要です。

　手続規定は、その内容と性質に応じて、法律や条例に必ず規定し
なければならないものと、その必要はないものに分かれます。行政
手続法や行政手続条例の特則を内容とするものは、法律や条例の規
定を変更するわけですから、法律や条例で規定しなければいけませ
ん。行政調査についても、罰則を背景にして、調査の相手方に対し
調査を受け入れることを強制するという性質から、法律や条例の根
拠が必要です。これに対して、指導や勧告のような行政指導につい
ては、法律や条例に根拠がなくても行うことができます。実際にも、
行政指導は、開発指導要綱のような要綱に基づいて行われています。

＊　補助金交付要綱と補助金の交付

　判断が難しいのは、補助金の交付の手続について条例で定める
ことは必要かという問題です。補助金を交付するというのは、自
治体が私人に対して利益を付与する行為ですから、「条例の留保」
の原理からは、条例の根拠は必要ないというのが通説であり、実
務も、この考え方に基づいて行われています（ただし、学説の中
には、補助金の交付の手続なども、条例で定めなければいけないとい
う考え方があります）。

　なお、補助金交付要綱に基づいて補助金が交付される場合には、
私人からの交付の申請は贈与契約の申込み、補助金交付決定は贈
与契約の承諾として取り扱われます。これに対して、補助金交付
について条例が定められている場合には、私人からの交付の申請
は行政手続条例でいう「申請」、補助金交付決定は「申請に対す
る処分」として取り扱われることになります。

　この違いは、補助金の交付を拒否された私人が行政訴訟で争うときの訴訟形態の違いとなってあらわれます。補助金交付決定が「申請に対する処分」である場合、私人は補助金交付を拒絶された決定の取消訴訟と補助金交付決定の義務付け訴訟を提起することになるのに対して（ちなみに、行政不服審査法の審査請求を行うことも認められます。自治体職員としては、行政不服審査法82条以下の教示が必要になる点が重要です）、補助金交付決定が贈与契約の承諾である場合には、私人は補助金の支払いを求めて当事者訴訟を提起することになると考えられます。

❹ 山梨県条例をふりかえって

　山梨県条例は、あらゆる種類の条文が揃っており、参考になります。ただし、⑨組織規定については、あまり定めがありません。条例において本格的に許可制を採用し、規制に従わない事業者に対する措置命令まで定めた意欲的な条例ですので、今後の国の法改正にも少なからず影響を与えるはずです。

　フルコースの料理に例えるならば、メインディッシュである⑤実体規定と⑦実効性（義務履行）確保のための規定が中心に据えられ、それに向けた前菜やスープなどの総体として、条例が構成されているといえるでしょう。

　③基本方針や④責務規定については、この本の中では、必ずしも必要でないなどと言ってきましたが、いきなりメインディッシュだけドカンと出されても、かえって味気ないという見方もあることと思います。

≪山梨県条例の構成≫

① 目的規定……第1条
② 用語の定義（定義規定）……第2条
③ 基本理念……第3条
④ 責務規定……第4条、見方によっては第5条・第6条
⑤ 実体規定……第7条、第8条、第11条～第13条、
　　第18条、第25条
　　届出義務……第14条～第16条、第19条、第20条
⑥ 手続規定……第9条、第10条など
　　行政指導……第21条、第24条
　　行政調査……第23条
⑦ 実効性（義務履行）確保のための規定
　　代執行……行政代執行法に従う。
　　即時強制……なし
　　公表……第26条
　　罰則規定（秩序罰）……第29条
⑧ 附則
⑨ 組織規定

ここが
重要

第2節　法制執務の基本的事項

❶ 正確に意味が通じることが何よりも大事

▶基本的な心がけ

　法制執務は、特殊な業界用語のようなところがあり、真っ先に飛びついてしまいがちなのですが、はっきりいえば、日本語として正確に意味が通じるなら、何てことはありません。また、取り立てて覚える必要もなく、必要に応じて法制執務の本を参照しながら、間違いのないように運用できればよいのです。条例は、行政組織の内部の人間だけで意味が通じれば良いというものでは決してありません。規制の対象となる相手はほかならぬ住民なのですから、住民が読んで意味がわからなければ、意味がないのです。ただし、「正確に」「意味が通じ」なければいけないので、日本語としては少々まどろっこしい表現になることは、受け入れてください。

　　＊　租税や社会保険の条文はあれでよいのか

　それならば、税金や社会保険料は誰もが納めるべきことになっているのに、どうして条文はあのように複雑怪奇なのかと反論されそうです。正直なところ、私もあれは立案に携わったごく一部の人にしか、すぐには理解できない条文であると思います（ただし、時間をかけさえすれば、法律の修練を受けた人には意味が理解できるようになります）。控除とか税率における様々な特例を織り込む必要があるのと、もともと計算式で表現されている考え方を条文に落とし込んでいるために、どうしても複雑怪奇になってしまうのです。

▶主語と述語、目的語ははっきり

　法律の文章や裁判の判決などは、読みにくい悪文の典型として掲げられるほどであり、美しい文章とは到底よべないところがあります。何度も何度も同じ主語や目的語が出てくることなどは、そのあらわれです。しかし、意味を正確に伝えるためには、誰がいつ何をどのように行ったかについて、客観的な第三者の目で読んだときに、誰が読んでも同じ意味に受け取れるように表現しなければいけない以上、やむを得ない部分はあります。

　そうはいっても、水質汚濁防止法3条3項のような条文は、あまり感心しません。

> § 　水質汚濁防止法（昭和45年法律第138号）
> 　（排水基準）
> 第3条　略
> 2　略
> 3　都道府県は、当該都道府県の区域に属する公共用水域のうちに、その自然的、社会的条件から判断して、第1項の排水基準によつては人の健康を保護し、又は生活環境を保全することが十分でないと認められる区域があるときは、その区域に排出される排出水の汚染状態について、政令で定める基準に従い、条例で、同項の排水基準にかえて適用すべき同項の排水基準で定める許容限度よりきびしい許容限度を定める排水基準を定めることができる。
> 4・5　略

　私は、この本のような文章を書くときには、省略しても意味が通じる主語や目的語は、適宜、省略しています。それでも、やはり法

律家の端くれですから、日常会話でも、主語と述語、目的語はなるべく省略せずにまどろっこしく話す傾向があるようです。

▶立法法務だけでなく、運用上も心がけるべきこと

　条例は正確につくられているのに、運用がいい加減になされていれば、何にもなりません。とりわけ、指導や勧告、措置命令、許認可（申請がなされた日付を含みます）、代執行の戒告・通知などは、誰に対して何年何月何日に発出したのかがきわめて重要です。また、措置命令に関しては、命令で求めている内容について、受け取った人が具体的に何をしなければいけないのかが理解できなければいけませんし、命令が発せられた理由についても、命令の文書を読んだだけで理解できなければいけません（該当条文の条項だけを記載しているのでは不十分です）。文書主義（行政手続法8条2項、14条3項、35条3項、行政代執行法3条1項、2項）がとられているのはこのためです。立入調査の際には、証拠になりそうな記録も、しっかり取っておくことが肝要です（→103頁）。

② いろいろな約束事

▶「その他の」と「その他」

　大抵の法制執務の約束事は、日常用語からそれほど離れてはいないのですが、いくつか、知っておかないといけないものがあります。その最たるものが、「その他の」と「その他」の使い分けでしょう。

　「Aその他のB」という場合、AはBの例示です。「ガンダムその他のモビルスーツ」とか、「アマゾンその他の仮面ライダー」というのがわかりやすいでしょうか（かえってわかりにくいという人にはすみません）。経験上、「その他の」の理解は難しくありません。

　ところが、「Aその他B」という場合には、AとBは並列関係にな

ります。正直なところ、「その他」の使い方は悩みます。京都市不良な生活環境を解消するための支援及び措置に関する条例（以下「京都市条例」とよびます）12条3項は、「市長は、前2項の規定による命令をしようとする場合において、必要があると認めるときは、学識経験のある者その他市長が適当と認める者の意見を聴くものとする」と定めていますが、ここでは「学識経験のある者」と「市長が適当と認める者」は並列関係なので、学識経験のような何らかの経験がなくとも、市長が適当と認める者であれば、意見を聴く相手にして良いということです。もしも「学識経験のある者その他の市長が適当と認める者」という定め方であれば、「市長が適当と認める者」の例示として、「学識経験のある」人が掲げられていることになるので、学識経験に準ずるような何らかの経験が求められることになるでしょう。

　とはいえ、多くの場合は、別に「その他」でも「その他の」でも、解釈に違いは生まれません。建築基準法9条1項は、「当該建築物の除却、移転、改築、増築、修繕、模様替、使用禁止、使用制限その他これらの規定又は条件に対する違反を是正するために必要な措置」と定めているため、「除却」「移転」「改築」「増築」「修繕」「模様替」「使用禁止」「使用制限」と「これらの規定又は条件に対する違反を是正するために必要な措置」とは並列関係ということになりますが、これが「その他の」と定められており、例示という解釈であったとしても不都合はないはずです。

▶「及び」「並びに」

①　2つの用語を併合するときは、必ず「及び」を用います。「巨人及び阪神」といった感じです。

②　3つ以上の語句を併合的に接続するときは、語句を「、」でつ

ないでいき、最後の語句の前だけ、「及び」を挿入します。「巨人、阪神及び中日」というのが良いでしょうか。英語の「A, B, C and D」とまったく同様です。

③　3つ以上の語句を併合する場合であって語句に段階があるときは、小さな連結の中を「及び」で結び、大きな連結は「並びに」で結びます（小さな連結の中身は、①と②に従います）。

建築基準法2条1号（→61頁）でいえば、「鉄道及び軌道の線路敷地内の運転保安に関する施設並びに跨線橋」とあるのは、【鉄道】と【軌道】が同格であり、【鉄道及び軌道の線路敷地内の運転保安に関する施設】と【跨線橋】が同格であるという意味です。

京都市条例12条4項1号で、「その者の氏名及び住所……並びにその者が当該所有者である旨」とあるのは、その者の【氏名】と【住所】が同格であり、【その者の氏名及び住所】と【その者が当該所有者である旨】が同格であるという趣旨です。

＊　無理のある解釈なのだけれども……

ただし、「及び」のルールを厳格に適用すると、行政代執行法2条の「法律（法律の委任に基く命令、規則及び条例を含む。以下同じ。）により直接に命ぜられ、又は法律に基き行政庁により命ぜられた行為」の解釈（→118頁）がまずいことになります。というのも、下線部について良く読むと、「法律の委任に基く」が「命令、規則及び条例」にすべてかかってきますから、「法律の委任に基く⇒条例」（つまり委任条例）に基づく措置命令でないと、代執行は行えない──太陽光パネル規制条例に基づく措置命令は代執行できない！──ということになるからです。

そこで、実務では、「法律の委任に基く」は「条例」にはかからないという解釈が広く行われています。法制執務のルールは大事ですが、ルールに縛られすぎると大局を見失うことになるので、この

分権時代においては、現在の実務の解釈の方が適切・妥当でしょう。

　根本的には、解釈に争いが残るのは望ましいとはいえないので、阿部泰隆教授のいうように、下線部は、「法律及びこれに基づく命令並びに条例」と改正すべきと思います。もっとも、このような改正は、適法性に疑いのある実務の現状を追認する形で法律の条文の方を改正するなどけしからんといった理由で、実際にはほとんど行われません。

☆接続詞はひらがな？ `Column`

　この本では、「および」「ならびに」「または」「もしくは」などについて、法令・条例を引用する場合には漢字に送り仮名をつけて表記していますが、本文の説明はすべてひらがなに統一しています。その方が読んでいて親しみやすいと思ったからです。

▶「かつ」

① 「安全かつ安心」のように、密接不可分の関係にある2つの用語を結ぶときに用いられます。

② 2つ以上の要件を共に具備することが求められる場合に用いられます。たとえば、裁決の公示送達について、「公示の方法による送達は、審査庁が裁決書の謄本を保管し、いつでもその送達を受けるべき者に交付する旨を当該審査庁の掲示場に掲示し、かつ、その旨を官報その他の公報又は新聞紙に少なくとも一回掲載してするものとする」（行政不服審査法51条3項）とあるときは、審査庁の掲示場への掲示と官報等への掲載がともに求められるという趣旨です。

▶「又は」「若しくは」

①　２つの用語を選択的につなぐときは、必ず「又は」を用いることになっています。「ひかり又はこだま」といった感じです。

②　３つ以上の語句を選択的につなぐときは、「及び」のときと同様に、最後の語句の前だけ、「又は」を挿入します。「のぞみ、ひかり又はこだまで新大阪まで行きなさい」というのが良いでしょうか。こだまだと倍近く時間がかかりますが。

③　３つ以上の語句を選択的につなぐ場合であって語句に段階があるときは、一番大きな連結について「又は」を用いることとし、他はすべて「若しくは」を用います（小さな連結の中身は、①と②に従います）。かなり複雑なのですが、「公務員の選任若しくは監督又は公の営造物の設置若しくは管理に当たる者」（国家賠償法３条１項）のように、【公務員の選任者or監督者】と【公の営造物の設置者or管理者】のいずれかを選択するようなときに用いられます。

▶「推定する」と「みなす」

この２つは、法的な意味がまったく異なるので、注意してください。「推定する」というのは、ある事柄について、法令が一応の取扱いを定めている場合に用いられます。注意すべきなのは、反証が成功すれば、推定を覆すことが可能なことです。有名な規定として、「妻が婚姻中に懐胎した子は、夫の子と推定する」（民法772条１項）がありますが、これは、妻が婚姻中に懐胎した子は、ひとまず夫の子として取り扱われるものの、DNA鑑定などで夫以外の子であることの証明に成功すれば、夫の子としては取り扱われなくなるという意味です。

これに対して、「みなす」というのは、法令によりある取扱いが

確定され、それと異なる取扱いを許さないケースに用いられます。
「未成年者が婚姻をしたときは、これによって成年に達したものと
みなす」（民法753条）という規定が有名です。この場合、たとえ17
歳の少女であっても、婚姻をすれば、行為能力などについては18歳
に達したものとして取り扱われるわけです。

　なお、法解釈では、「みなす」の対象になること自体、本来は異
なる性質のものであることを前提にしているといわれます。「イル
カを魚とみなす」という使い方はしても、「マグロを魚とみなす」
という使い方はしないからです。

▶「遅滞なく」「速やかに」「直ちに」

　いずれも、日常用語ではさっさと取りかかれという意味ですが、
法制執務では、「遅滞なく」はまだ言い訳が許されるのに対して、
「速やかに」「直ちに」となるに従い、一切の遅れは許されなくなる
のだそうです。奥さんが怒っているときは、「直ちに」片付けない
と叱られますが、京都市条例5条2項では、「速やかに」が使われ
ていますね。

▶適用と準用

　「京都市不良な生活環境を解消するための支援及び措置に関する
条例」では、要支援者に対する支援を行う場合において、①堆積物
を分別するための基準の規定（同条例9条2項）と②求めるべき費
用負担額の算定基準の規定（同条4項）が、それぞれ代執行の場合
（同条例12条5項、7項）と緊急安全措置の場合（同条例13条4項、6
項）に準用されています。それでは、「準用」とは、どのような意
味なのでしょうか。

　「適用」という場合には、条例の規定が、個別・具体的に特定の

人、地域、事項について、現実に発動し、作用することを意味します。

　これに対して、「準用」は、ある事象に関する規定を、それと類似する事象について同じようにあてはめるときに用いられます。京都市条例の例でいえば、要支援者に対する支援と、代執行および緊急安全措置が「類似する」ということです。これらは、法的性質はだいぶ異なるのですが（条例の根拠の必要性、相手に対する義務の賦課、強制性など）、機能としては、要するにごみを片付けるための活動ですので、①堆積物の分別の基準や②費用の算定基準は「類似する」わけです。

　何も準用規定を置かなくとも、個別の条項でコピペして、まったく同じ言い回しを繰り返し規定するやり方でも構いません。準用規定が威力をもつのは、似たような機能をもつ活動について規定した条文が膨大な数に上る場合です。そのような場合に、たとえば手続的規定をすべて変更しようとすると、改正の漏れがないか、神経を使うことになります。準用規定を用いれば、基になる1つの条文（京都市条例でいえば9条2項と4項）だけ改正すれば済むというわけです。

---

§　京都市不良な生活環境を解消するための支援及び措置に関する条例

（指導及び勧告）

第11条　市長は、不良な生活環境を生じさせた者（その者を確知することができない場合にあっては、その状態にある建築物等の所有者）に対し、これを解消するために必要な指導を行うことができる。

2　市長は、前項の指導を行ったにもかかわらず、なお不良な生活環境が解消しないときは、前項に規定する者に対し、その状態を解消するために必要な措置を採ることを勧告することができる。

3　市長は、前項の規定による勧告をしようとするときは、第1項に規定する者に対し、適切な説明を行い、その理解を得るよう努めなければならない。

（命令、公表等）

第12条　市長は、前条第2項の規定による勧告を受けた者がその勧告に係る措置を採らなかったときは、その者に対し、相当の期限を定めて、その勧告に係る措置を採ることを命じることができる。

2　市長は、著しく不良な生活環境が生じているときは、その状態を生じさせた者（その者を確知することができない場合にあっては、その状態にある建築物等の所有者）に対し、相当の期限を定めて、その状態を解消するために必要な措置を採ることを命じることができる。

3　市長は、前2項の規定による命令をしようとする場合において、必要があると認めるときは、学識経験のある者その他市長が適当と認める者の意見を聴くものとする。

4　略

5　第9条第2項の規定は、前項に規定する者が同項の命令に従わないため行政代執行法（次項において「法」という。）第2条の規定による代執行を行う場合について準用する。

【注　第9条第2項　前項の支援を行う場合において堆積している物があるときは、その物の性状、排出の状況、通常の取扱いの形態、取引価値の有無、要支援者の意思その他の事情を総合的に勘案し、廃棄物の処理及び清掃に関する法律第2条第1項に規定する廃棄物とその他の物とを分別するものとする。】

6　前項の代執行を受けた者は、別に定める場合を除き、法第5条に規定する代執行に要した費用のほか、当該代執行後に要した費用を負担しなければならない。

7　第9条第4項の規定は、第5項の代執行を受けた者が負担す

> る前項の当該代執行後に要した費用について準用する。
> 【注　第９条第４項　前項の費用の額は、別に定める算定基準に従い、
> 市長が算定して通知する額とする。】

❸ 述語の表現　「〜しなければならない」「〜するものとする」「〜してはならない」「〜することができる」「〜することができない」

▶述語と条文の解釈

　述語の表現は、条文の解釈をかなり左右しますから、繊細な注意が必要です。ここでは、「〜しなければならない」「〜するものとする」「〜してはならない」「〜することができる」「〜することができない」について、簡単に説明しましょう。

▶裁量との関係

　よく言及されるのは、裁量との関係です。「市長は、Aのときは、申請に対して許可をしなければならない」と定められているとき、Aの要件が満たされていれば、市長は許可をすることが義務付けられ、逆にいえば許可をしないことは許されません。すなわち、市長が許可をしないと違法になり、不許可処分は裁判によって取り消され、場合によっては国家賠償の対象になるということです。

　これに対して、「市長は、Aのときは、申請に対して許可をすることができる」と定められているときは、Aの要件が満たされている場合であっても、市長は、諸々の状況を加味して、許可を下さないという判断をすることが認められます。「できる」規定の場合は、「市長に許可をするか否かについて裁量（効果裁量）が与えられている」と表現されることがあります。ただし、市長が恣意的な判断によって不許可とするようなことがあれば、裁量権の逸脱・濫用として、不許可処分は裁判所により違法とされます（行政事件訴訟法30条）。

　それでは、「許可するものとする」と表現されている場合はどうなのかという疑問が浮かぶことでしょう。基本的には許可をしなければいけないけれども、例外的に許可をしないという裁量の余地がある——しかし、裁量の余地はかなり狭い——といった感じでしょうか。京都市条例9条2項からは、通常はいろいろな事情を総合的に勘案して堆積物を分別するように命じながら、よほどの例外的事情があるときは、全部捨てることも許されないわけではないといったニュアンスが読み取れます。

▶禁止、義務付けの表現

　「～してはならない」と「～することができない」は、日常用語としての意味は同じです。ところが、「～してはならない」は、私人を想定して用いられる禁止の規定であるとされます。

　反対に、「～することができない」は、行政庁を想定して、権限を否定する場合に用いられることが念頭に置かれているようです。

　これらに対して、「～しなければならない」は、行政・私人を問わず用いられます。

> ◆　法制執務については、早坂剛『条例立案者のための法制執務』
> ぎょうせい（2001）と阿部泰隆『行政法解釈学Ⅰ』有斐閣
> （2008）250～259頁が、実務をふまえた簡潔・明瞭な解説を
> 行っていますから、そちらをぜひ参照してください。

おわりに

　条例をつくる際に最も大切なのは、住民のニーズをつかんで、政策課題に対する最も適切・妥当な解決策は何か、常に心にとどめおくことです。まずは、立法事実（→34頁）について、各々の職員が、自分の言葉で端的に説明できるようになることを目標にしてください。立法事実は、条例の「魂」だからです。「魂」さえ入っていれば、他所の自治体の条例を真似してつくった条例であっても（増分主義→41頁）、みなさんの自治体の立派な条例です。胸を張って、適切な運用によって、公共の利益を守っていってください。

　法制執務などは、単なる「形」であり、約束事にすぎません。大事ではないという趣旨ではありませんが、こうした約束事は、3人くらいの職員が、法制執務の手引書を片手にチェックを行えば、9割9分は正確に反映させることができます。くれぐれも、「形」だけは整っているけれども、「魂」の入っていない条例をつくらないように、心がけてください。

　政策法務の手段として条例をつくることの本当の意義は、条例に基づき措置命令を下し、代執行を行ったり罰則を科したりすることではありません。措置命令が出され、ましてや代執行にまで至るケースなどは、政令指定都市であっても、年に1件あるかないかでしょう。そうではなく、自治体職員のみなさんが、条例という——策定困難な——ルールをつくるために、知恵を絞って力を合わせ、いくつものハードルを乗り越えていく姿勢が住民の目にどのように映っているかということこそ、大事なのではないでしょうか。役場の職員が頑張って太陽光パネル規制条例をつくったのだから、俺たちも太陽光パネルの管理不全について見回らなければいけないな

──。そのように考える住民の方が1人でも増えてくれたならば、みなさんが汗をかいた意味はきっとあるはずです。

判例索引

事項別索引
・・・・・・・・・・・・・・・

著者紹介

板垣　勝彦（いたがき　かつひこ）

博士（法学）

昭和56年　福島県生まれ
平成16年　東京大学法学部卒業
平成18年　東京大学法科大学院修了
平成19年　東京大学大学院法学政治学研究科助教
平成22年　国土交通省住宅局住宅総合整備課主査
平成23年　山梨学院大学法学部講師
平成25年　横浜国立大学大学院国際社会科学研究院准教授
令和4年より　横浜国立大学大学院国際社会科学研究院教授

〈著書〉
『保障行政の法理論』（弘文堂、平成25年）
『自治体職員のための　ようこそ地方自治法〔第3版〕』（第一法規、令和2年）
『住宅市場と行政法―耐震偽装、まちづくり、住宅セーフティネットと法―』
（第一法規、平成29年）
『公務員をめざす人に贈る　行政法教科書』（法律文化社、平成30年）
『地方自治法の現代的課題』（第一法規、令和元年）
『都市行政の変貌と法』（第一法規、令和5年）

（令和5年1月現在）

条例づくり教室　―構造の理解を深め、使いこなそう!

令和5年4月10日　第1刷発行

著　者　板垣　勝彦
発　行　株式会社 **ぎょうせい**

〒136-8575　東京都江東区新木場1-18-11
URL：https://gyosei.jp

フリーコール　0120-953-431

ぎょうせい　お問い合わせ　[検索]　https://gyosei.jp/inquiry/

〈検印省略〉

印刷　ぎょうせいデジタル株式会社　　　　　　　　　©2023 Printed in Japan
＊乱丁・落丁本は、お取り替えいたします。
＊禁無断転載・複製

ISBN978-4-324-11242-7
(5108854-00-000)
〔略号：条例教室2〕